はじめての吹奏楽

ブラスバンド

練習のコツと本番で成功するポイント55

佐藤博 監修

Brass band

メイツ出版

はじめに

『人生でかけがえのない友となる ブラスバンドの世界へようこそ！』

「ブラスバンドとオーケストラはどう違うのですか？」という質問を受けることがよくあります。

ブラスバンド＝吹奏楽（管楽器・打楽器等）という概念で考えると、オーケストラ＝管弦楽（管楽器・弦楽器・打楽器）と、弦楽器がプラスされることが大きな違いですが、どちらもアンサンブルの集合体であるという意味では、まったく同じものだと私は考えています。

何をするにも必要なのは、アンサンブルを支える個人レベルでの演奏能力と、音楽を奏でる上での心意気です。

この世界では、音楽や仲間が『人生でかけがえのない友』となります。音楽は、年齢を問わずに一生楽しめる素晴らしい趣味であり、音楽を通じて得た友は、一生つき合えるかけがえのない仲間となります。

「アンサンブル」とは、単に音を合わせることだけではなく、心も合わせ、お互いの絆を深めていくことにほかなりません。

　私はフランスやドイツの市や町から合奏の指導に招聘されたことがあります。そこ
では、学校に放課後の部活動がない代わりに、老若男女が共に活動する公立の音
楽院があることに驚きました。また、そこでいうオーケストラとは「吹奏楽」を指し
ていました。

　吹奏楽は、体の大きさに関係なく気軽に楽しめ、楽器も安価なので手軽に始める
ことができます。そして何よりも、吹いたり叩いたりの運動は健康にも良いのではな
いでしょうか。

　以前私が勤務していた高校のシンフォニックオーケストラ部は、管弦楽でありなが
らもヴァイオリンを弾きながらマーチングをしたり、吹奏楽の演奏で弦楽器メンバー
がヒップホップやジャズダンスを披露したりと管楽器化しています。しかし、このよう
に何にでもチャレンジし、失敗を恐れずに前向きに考えて、気持ちのこもった演奏を
することによって、必ず聴く人を「感動」に導くことができるのが、ブラスバンドの
心意気そのものです。

　みなさんも、たくさんの良い練習を重ね、音楽に出会えた喜びをかみしめながら、
いつまでも楽しく音楽を続けて、仲間とのアンサンブルを楽しんでください。

佐藤　博　　光ウインドオーケストラ音楽監督
　　　　　　元千葉県立幕張総合高等学校教諭
　　　　　　幕総フィルハーモニー管弦楽団音楽監督

はじめての吹奏楽 ブラスバンド 練習のコツと本番で成功するポイント55 目次

※本書は2017年発行の『ステップアップ吹奏楽 ブラスバンド 上達のポイント55』の内容の再編集を行い、書名と装丁を変更して新たに発行したものです。

第1章
これだけはおさえよう
個人練習のポイント

第2章
もっと上達する
合奏練習のポイント

第3章
もっと上達する 演奏技術向上のポイント

第4章

本番で成功するポイント

第1章

これだけはおさえよう
個人練習のポイント

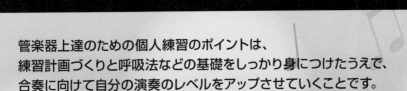

管楽器上達のための個人練習のポイントは、
練習計画づくりと呼吸法などの基礎をしっかり身につけたうえで、
合奏に向けて自分の演奏のレベルをアップさせていくことです。

効率的に練習するために
練習メニューを事前に決める

うまくなるには練習あるのみ！と毎日何時間も練習したいのはやまやまですが、実際にはなかなか練習時間は取れないもの。管打楽器は音量が大きく、思いきり音を出して練習できる場所は限られているので、少ない時間で確実に上達するためのコツを覚えましょう。

コツ1　楽器をいきなり吹き始めず 事前に今日練習することを考えておく

「さぁ練習しなくちゃ！」と張り切って楽器ケースを開けてから「今日は何を練習しようかな…？」と考えるのは時間のムダ。少ない時間で上達するためには、①練習を始める前に「今日の練習ポイント」を2つ3つ決めておく ②それぞれを練習するためのおおまかな時間配分を考える　など、簡単な練習計画を立てる習慣をつけましょう。

この時大切なのは、奏法の確認、息の使い方や唇の形に十分気をつけることができるロングトーンから始めることです。直前の練習でうまくできなかったことから練習するのも効果的な方法です。

何から始める？

ワンポイントアドバイス

楽器の練習は、短距離競争のように数字ですぐに結果が出るものではありません。粘り強く続けながらも、自分自身を精神的に追い込んでしまわずに、いつも前向きな気持ちでいることを忘れないようにしましょう。

コツ 2　楽器を持っていない時でも練習している曲を口ずさむ

実際に楽器に触れている時だけが練習時間だと思っていませんか？　楽器を持たなくても、練習は日頃の生活の合間に十分することができます。①通学や通勤の途中に、電車の中で今日やる練習のポイントを考える　②お風呂に入っている時や、道を歩いている時に今練習している曲を鼻歌で口ずさむ　なども立派な練習のひとつです。歌いながらのめり込んでついリズムを取ってしまったり、指揮者のように手を動かしたりしてしま

う人の方が上達が早いもの。つまり、毎日の生活の中で音楽のことを絶えず考え、イメージトレーニングする習慣をつけることが大切なのです。

コツ 3　「上達しているのかな？」と不安を感じても自分を信じて続ける

一生懸命練習していても、自分が本当に上達しているのか、不安を感じることはありませんか？　特に管楽器の息の使い方の練習などは、効果が実感しにくいものです。そんな時でも、①「そういうものだ」と割り切って根気よく練習する　②うまくいかない原因は考えても、うまくいかないこと自体は気にしないようにする　③「いつかできるはず」という大らかな気持ちを忘れないようにする

ことが大切です。今日うまくいかなか

ったことをまた翌日練習しなくてはいけないのは辛い部分もありますが、うまくいかなかった自分を責めてしまうと同じ練習を続けていくことができなくなるので、くじけずにこつこつ頑張りましょう。

これだけは覚えよう！

- あらかじめ練習のポイントを決める
- 楽器を持たずに練習する方法を覚える
- できなくてもくじけずに根気良く続ける

譜面への苦手意識をなくすために基本的な読み方のルールを覚える

自分のパートだけを耳で覚えても演奏することはできますが、できれば譜面を読んで理解しながら演奏する習慣をつけましょう。譜面は音符以外にもさまざまな記号や演奏上のヒントが記された情報の宝庫。内容を知ることで、譜面に対する苦手意識もなくなります。

コツ 1　記譜音＝実音の楽器とそうでない楽器との譜面の違いを知る

　吹奏楽のパート譜には、楽器によって冒頭にHorn in F（ホルン イン エフ）とかClarinet in B♭（クラリネット イン ベー、またはビーフラット）などと書かれています。これはそれぞれ「ホルンはF管で演奏する」「クラリネットはB♭管で演奏する」という意味です。下の譜例のように、**F管のホルンで譜面に書かれたド（C）の音を演奏すると、実際にはファ（F）の音が出ます。**このように、**譜面に書かれているドの音を「記譜音」、**実際に出るファの音を「実音」と呼び、記譜音と実音とが異なる楽器を「**移調楽器**」と呼びます。合奏などで、指揮者から「実音●で吹いてください」などと指示が出た時には、すぐに読み替えられるように慣れておきましょう。

　フルートやオーボエは記譜音と実音が同じですが、移調楽器の譜面を演奏するよう指示が出る場合もあるので、読みかえの基本は理解しておくようにしましょう。

記譜音と実音との関係

【記譜音が in C の場合】

【Ⓐの譜面をHorn in Fで吹いた時の実音】

【Ⓐの譜面をClarinet in B♭で吹いた時の実音】

記譜音と実音が同じ楽器のパート譜がハ長調で書かれている場合、in F のパート譜はヘ長調、in B♭のパート譜は変ロ長調で書かれています。

C	Cis	D	Dis	Es	E	F	Fis	Ges	G	Gis	As	A	Ais	B	H
ツェー	ツィス	デー	ディス	エス	エー	エフ	フィス	ゲス	ゲー	ギス	アス	アー	アイス	ベー	ハー

⌐‾¬ は同じ音程ですが、記譜のしかたによって読み方が異なります（異名同音）。

コツ 2 音符以外に記されている 音楽記号の意味をなるべく知っておく

音符以外の記号には、以下のような種類があります。アルファベットで書かれているものは、一般的にはイタリア語で表記されています。記号の意味がわかると曲の雰囲気をつかむことができるので、その都度確認してひとつずつ覚えていくようにしましょう。主なものについては、32ページを参照してください。

■速度記号

その曲のテンポを示すために、冒頭や大きく雰囲気が転換する場所に記載されるものと、「だんだん速く」「少し遅く」など、**必要に応じて記載される相対的な速度を表すもの**があります。

■強弱記号

f（フォルテ、強く）、p（ピアノ、弱く）など、**音量の強弱を示す記号**です。fは「開放的に」、pには「緊張感をもって」のようなニュアンスも含んでいます。crescendoまたはcresc.（クレッシェンド、だんだん強く）decrescendoまたはdecresc.（デクレッシェンド、だんだん弱く）、同じ意味の diminuendoまたはdim.（ディミヌエンド）などもほとんどの曲に出てきます。

■発想記号

曲のさまざまな場面の表情や表現に関する記号です。dolce（ドルチェ、優しく）、cantabile（カンタービレ、歌うように）、brillante（ブリランテ、輝かしく）など、とても多くの種類があります。よく出てくるものは覚え、知らないものが出て来たら必ず調べておきましょう。

■アーテュキレーション記号

アクセント、スタッカート、テヌートなど、**音符自体の性格を表す記号**です。スラーもここに含まれます。

このほか、反復記号、省略記号、楽器別の特有な記号なども覚えておきましょう。

これだけは覚えよう！

▶▶ 記譜音と実音はどう違うか知っておく

▶▶ 音符以外の記号をなるべく覚える

管楽器の呼吸法を身につけるために
腹筋を意識して使う

管楽器は何といっても呼吸法が命。いつも楽器を美しい音色で響かせるためには、演奏に無理のない呼吸法を身につけることが大切です。そのために必要なのは腹式呼吸。呼吸の時に腹筋を意識したり、使ったりするためのコツを知っておきましょう。

コツ 1　びっくりして大声を出した時の腹筋の圧迫感を意識してみる

人間はびっくりすると、誰でも思わず大きくて高い声で悲鳴を上げます。その時に「まず腹筋で支えてから発声しよう」と考えてから声を出す人はいないでしょう。試しに意識して大きな声を出してみましょう。この時、**自然に腹筋やのど、体の中に圧迫感が発生することが、腹式呼吸の原点なのです。次に、大きな声を出した時どこに圧迫感があるかを意識しましょう。**最初のうちは体全体に無駄な力が入ってしまいますが、何度か繰り返すうちにだんだん余分な力が抜けてくるようになります。

ワンポイントアドバイス

慣れないうちは、腹筋で体の圧迫感を作るのはなかなかうまくいかないもの。実はゴム風船をふくらませるのが良い呼吸法の訓練になります。練習に取り入れ、自然に体や呼吸を反応させていくようにしましょう。

腹筋とのどとの圧迫感を関連させ それを利用して楽器の音を出す

腹筋と圧迫感との関連がわかってきたら、次の練習に移ります。①のどに圧迫感を作る ②同時に腹筋に力を感じる ③両方の圧迫感を持ったまま楽器の音を出す の順序で吹いてみましょう。より実践的で良い力を入れることができます。腹筋に力を入れて音を出そうとすることはとても大切ですが、自分では腹筋に力を入れているつもりでも、曲を演奏しているうちに他のことに意識が向いてしまうことは多いものです。時々腹筋とのどの圧迫感ができているかチェックする習慣をつけましょう。

のど

同時に
圧迫感を感じる

腹筋

自分の気持ちを演奏に込めることで 腹式呼吸の感覚を体で覚える

腹式呼吸は、管楽器を練習する人にとっては最も重要なポイントですが、目に見えるものではなく体の中で起きていることなので、実際にはなかなかわかりにくいものです。理論で理解するよりも自分の体で何度も実験して、体に覚えさせてしまうようにしましょう。具体的には①自分の気持ちを演奏で伝えたい！という思いが強まる ②ひとりでに体や呼吸が反応する というのが最も自然な腹式呼吸です。腹筋を意識しながら

自然に腹式呼吸が身に付く流れ

自分の気持ちを演奏で伝えたい！
という思いが強まる

ひとりでに体や呼吸が反応する

曲を演奏することよりも、自分がどう演奏したいかという気持ちを優先することで、結果的に理想的な腹式呼吸を体感することができます。

これだけは覚えよう！

■ 腹筋、のど、体の圧迫感を意識する

■ 腹筋とのどとの関連を理解する

■ 「腹式呼吸で吹く」感覚を体で覚える …

母音の発音をマスターするために
「u」の発音を練習する

実際に音を出す時には、リードやマウスピースから息を吹き込むための口の中の状態がとても大切です。ある程度の緊張感を保ちながらも良く響く音を出すための息の入れ方を練習してみましょう。いつも母音を発音しながら吹くことも重要なポイントです。

コツ 1　舌を使ってタンギングし、「T」に続く母音「u」の発音を意識する

管楽器は、ただ息を吹き込んだだけでは音の立ち上がりがクリアにならず、良い音で演奏できません。息を吹き込

む時には、必ず舌を使って発音するタンギングが必要になります。多くの教則本には、タンギングは①「Tu（トゥ）」と発音すると良いと書かれていますが、実際に発音する時には、①口の中に適度な緊張感と堅さを保つ ②あまり舌の位置を低くせずに発音する ことがポイント。また、③母音の「u」の部分は多少「e」や「i」が混ざっているようなつもりで発音すると、舌の位置が低くなるのを防ぐことができます。

ワンポイントアドバイス

息と体がうまく使えるようになると、音程や音色など、すべての要素が上達します。呼吸法は管楽器奏者にとっては永遠の課題なので、常に工夫してレベルアップを心がけましょう。

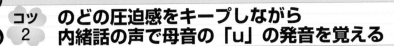

コツ 2 のどの圧迫感をキープしながら 内緒話の声で母音の「u」の発音を覚える

母音「u」の感覚をつかむためには、①楽器なしでのどに圧迫感を与えながら口を少し開き、内緒話の声で「u」と伸ばす ②同じ発声を意識しながら楽器を持ち、音を出してみる の順序で練習しましょう。この時、大きな音でなくていいので、呼吸器を動かさずに音を出すのがポイントです。また、

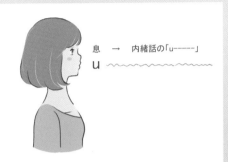

息 → 内緒話の「u-----」
u 〜〜〜〜〜

× ろうそくの火を消すような感じで、呼吸器で息を吐かない

○ 内緒話の「u」で歌を歌うように吹くよう意識する

ことも大切。のどの圧迫感は、高い音は強く、低い音は弱くして、隣の音でも少しずつ圧迫感を変えるようにします。特に低い音になると「u」の声がなくなってしまいがちなので、声と圧迫感を忘れないようにしましょう。

コツ 3 内緒話の声で音を出すには 腹筋を意識して母音を強く発音する

内緒話の声を意識して、呼吸器を使わずに音を出す練習をしていると、慣れないうちは大きな音が出ないように感じるかも知れません。しかし母音の「u」が上手に使えるようになると、①母音を強く発音できるようになる ②息の量が少なくても良く響く音を出せるようになる と徐々に呼吸の使い方をステップアップすることができます。

そのためには、③母音に緊張を感じるのと連動して、腹筋に緊張を感じるように練習するのが効果的です。くれぐれも腹筋を呼吸器を押すポンプのように使ってしまわないように気をつけましょう。

声+腹筋を意識する

u

これだけは覚えよう！

▎タンギングに伴う母音の発音を意識する

▎母音「u」だけで吹いてみる

▎常に母音と腹筋とを連動させる

正しい姿勢で吹くために**肩の力を**抜いて体をやや前に出す

　姿勢の善し悪しは、演奏上達のために欠かせない要素のひとつです。不自然な姿勢で練習を続けると、せっかく練習しても結果が伴わないこともあるので気をつけましょう。姿勢は楽器を持たなくてもチェックできるので、こまめに確認することも大切です。

コツ1　いつも後頭部を意識してそこから上に音を出すイメージを持つ

①後頭部から上へ

②眉間から
前へ

オペラ歌手

＝

まったく同じ！

母音がクリアに！

　オペラ歌手の発声法と、管楽器の発音は全く同じ。**①後頭部から上へ**
②眉間から前へ　を意識して音を出すのがポイントです。①を意識すると、声門（声帯）の上部が引き上げられるので、声帯に張りが出て口の中に緊張感を持たせることができます。

ワンポイントアドバイス

　演奏している姿勢を見ると、だいたいの腕前がわかるもの。上手な人ほど体に負担がなく、無理のない自然な姿勢で演奏しています。指の動きを妨げないように気をつけ、いつもリラックスして吹くようにしましょう。

コツ 2 　肩を意識して下げることで
声門を下に引っ張る感覚を身につける

演奏中の姿勢で大切なのは、①肩の力を抜く ②意識して肩を下げる ③体全体を上下に広げるようなイメージを持つ の3つ。特に②は声門を下に引っ張る感覚にも通じるので、**後頭部を意識して引き上げることと連動させる**と、口の中に緊張感を持たせ、良い状態に保つためにも役立ちます。演奏する時、肩の力を抜いてリラックスすることも大切。吹きながら肩に力が入り、だんだん上がってしまわないように気をつけましょう。

コツ 3 　吹きやすい姿勢を保つために
両肩をやや前に出して構える

吹きやすい姿勢のポイントは、①背筋を自然に伸ばす ②肩甲骨の裏を軽く伸ばす の2つ。特に指を動かす筋肉は肩甲骨の裏まで連動しているので、両肩をやや前に出すようにすると腕の力が抜け、指回りがスムーズになります。右の写真のような姿勢は、一見良いようですが、実は肩が後ろに反ってしまい、あまり良い姿勢とはいえません。また、両肩を後ろに引いてしまうと、指が動きにくくなってしまうので気をつけましょう。

これだけは覚えよう！

▶ 後頭部から音を出すイメージで声帯を緊張させる

▶ 肩を下げて口の中に緊張感を持たせる

▶ 肩甲骨の後ろの筋肉を伸ばすようにする

曲想に合ったメロディを奏でるために
フレーズの流れや音の方向性を意識する

譜面に書いてある音符は、基本的には、終止する音、半終止する音、フレーズの最後の音以外はすべて次の音に向かっていると考えましょう。音の方向性を意識し、フレーズの流れや呼吸法を連動させることで表現の幅が広がり、説得力のある演奏ができます。

コツ 1　遅いロングトーンで音が変わる時は母音や声の強さで音の方向性を示す

まずはロングトーンで、音の方向性を意識してみましょう。これは、音が移る少し前に、これから音が変わるということを演奏で示す練習です。譜例のように、①最初の音を1小節吹く→②スラーで次の小節の隣の音に移る　を練習しましょう。ポイントは、音の変わり目を呼吸器から出す息の強さで示すのではなく、母音や声の強さで示すことで

す。呼吸器から出す息を使ってしまうと、よくない演奏の代表例である「音のあと押し」になってしまい、奏法に悪いクセがついてしまう原因にもなります。
大切なのは、
× 物理的にクレッシェンドして変わる
　ではなく、
○ 音の密度を濃くする
　というイメージを持つことです。

練習パターン 1

最終的には、クレッシェンドはないのに音がいつ変わるのか、聴いている人に前もって伝わるように演奏できるのが理想です。

ワンポイントアドバイス

音楽の方向性は、曲想によってさまざま。CDなどで、どのくらいの強さで、どのように表現しているか研究してみましょう。メロディでは強めに、伴奏では軽めに示すと、強弱以外でも演奏にメリハリをつけることができます。

コツ 2　遅いロングトーンと同じ奏法で 音数が増えても吹けるようにする

　ゆっくりのロングトーンでコツをつかんだら、今度は譜例のように①**ややテンポを速くする** ②**リズムを変えて音数を増やす** のパターンで練習してみましょう。特に②では、フレーズの最初の音から次の音に移る時に方向性を出すことが ポイントです。

　また、②の応用として、同じ音価の音符が並んでいる時より、**付点のようにリズムに変化がある時にはっきり示すようにする**と、さらに音楽の方向性が明確になります。

練習パターン 2

①やや速くする

②リズムを変える

③②の応用

音型が変わっても、2つ目の音に向かってクレッシェンドやあと押しにならないように気をつけましょう。

コツ 3　実際に曲を吹く時には フレーズの最初と終わりなどで方向性を出す

　それではいよいよ曲を吹いてみましょう。方向性を出す主なポイントは、①**フレーズの最初** ②**小節線をまたぐところ** ③**フレーズが終わる前の音** などです。演奏する前に譜面をよく見て、音楽やフレーズの流れを確認し、どこで方向性を示すかを自分なりに考えて整理してから 吹いてみましょう。**遅い曲の方が方向性が出しやすいので、最初は遅い曲を練習するのがおすすめです。**速い曲でも、ゆっくり練習して音楽の流れを体で覚えてしまえば、テンポを上げても自然に方向性を示すことができます。できるようになったら少しずつ速くしましょう。

これだけは覚えよう!

■ 音の変わり目は呼吸でなく母音や声で示す

■ リズムやテンポが変わっても同様に示す

■ 実際の曲ではフレーズの流れを確認する

音程や音色に磨きをかけるために
自分の出す音を常に注意深く聴く

初心者にとってもベテランにとっても、音程を正しく取ることは永遠の課題。自分ひとりで演奏している時はもちろん、合奏の時には周囲と同じ音程で演奏できることがとても大切です。まずは自分の出している音をよく聴くことから始めて耳を鍛えていきましょう。

コツ 1 出したい音のイメージを持ち 自分の音をしっかり聴く

音程を良くするためのチェックポイントは、①今自分が出している音にいつも耳を傾ける ②イメージしている通りの音

色や音程で演奏できているか常にチェックする習慣をつける の2点。個人練習の時には、自分が出している音に対して集中できるよう、**なるべく周囲が静かなところで練習する**ことも大切です。自分の音に対する集中力を高めるには、**ロングトーンや音階を目を閉じて練習する**のも効果的です。さらに応用編として、できるだけ暗譜する努力をすること。譜面に頼らない分音程に集中できるので、周囲とのずれに気づくのが早くなります。

ワンポイントアドバイス

呼吸がきちんとできていないと、距離によって音程が違って聴こえる場合があります。うまくいかない時は呼吸法をもう一度チェックし、密度の濃い音色で遠くに音をしっかり飛ばすイメージを持つようにしましょう。

コツ 2　チューナーとキーボードを ダブル利用して体で音程を覚え込む

　チューナー以外にキーボードやメトロノームなど持続音の出る機材があれば、以下の方法を試してみましょう。①**チューナーを自分の吹く音がよく入るところにセットする** ②**機材を自分の後や耳の近くなど、チューナーに入りにくい場所に置く** ③**機材である音を鳴らし、そこから始まる長調と短調の音階をチューナーのメーターに合わせて吹き、鳴っている音と自分の吹いている音がいつも合っている状態を耳で覚える**

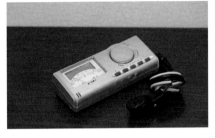

　多少根気がいりますが、これを30分〜1時間程度数日続けてから合奏で演奏すると、音程が以前よりも聴こえてくるようになります。

コツ 3　合わせることだけにこだわらず 美しい音色で吹くことで音程を安定させる

　「音程が合わない」と悩んでいる人は、音程にばかり気を取られてしまい、実は良い音色で吹くことがおろそかになっていることが多いものです。音色が美しくないと、たとえチューナーでは合っていても音程が合って聴こえないので気をつけましょう。ポイントは ①**日頃から楽器をきちんと鳴らす** ②**いつも良い音色を出すように心がける** の2点です。音程が合いにくい時は一度頭を切り替え、良い音色を正しい奏法で吹くことに集中するようにしましょう。その方が結果的にちょっとした音程の違いがよくわかるので、すぐに合いやすくなります。

美しい音色で吹けるようになるためのポイント

①日頃から楽器をきちんと鳴らす
②いつも良い音色を出すように心がける

これだけは覚えよう！

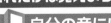 自分の音にいつも耳を傾けるクセをつける

チューナーなどで正しい音程を体で覚える

美しい音色で吹くことで音程を安定させる

音楽づくりの基本を確認する

　フレーズ、音程、テンポなど、譜面に記されている音楽の内容を読み取ることができたら、それを演奏で具体的に表現していくための方法を練習しましょう。ちょっとしたことですが、意識して心がけることで演奏がぐっと説得力を持ち、曲の仕上がりが早くなります。

コツ 1　フレーズや音楽の流れを意識して それを強調するように演奏する

　フレーズには流れがあり、多くの場合その中には頂点があります。頂点をよりはっきり示し、聴き手に印象づけるためには、**頂点の直前の音を母音ではっきりと押して、次に頂点が来る感じを出すのがポイントです**。また、音楽の方向性をはっきり示すためには、**フレーズの最初の音から次の音に向かう時にしっかりと母音で押すのが効果的です**。くれぐれも呼吸器で押したり、クレッシェンドにならないように気をつけましょう。**譜読みの時から音楽の方向性を意識して練習すると、曲全体の仕組みが早くから理解できるようになります**。

フレーズの方向性の示し方

Adagio
頂点

母音をはっきり押す
次の音に向かう直前を母音でしっかり押す

ワンポイントアドバイス

　プロの演奏家は練習2回で本番というのが当たり前ですが、それは音楽づくりの基本が個人でしっかり準備できているからです。合奏の場で曲を覚えるのではなく、事前に個人で曲を理解してから合奏にのぞみましょう。

コツ 2　自分の音程の高低の傾向をつかみ　誤差をなるべく少なくするようにする

どんな調のどんな音程でもすばやく正確に取れれば苦労はないのですが、どうしても得意な音程や苦手な音程、苦手なフィンガリングが出てきてしまうものです。**自分の音程の傾向を把握して、不安定になりやすいところは特に注意する習慣をつけましょう。**それでもうまくできないところは**替え指を使うと有効な場合があります。**替え指は音程を安定させたり、速いパッセージをスムーズに演奏するのに効果がありますが、日頃使っていないのでとっさに対応しにくい

もの。**練習の早い段階で吹きやすいフィンガリングを決めて、それに慣れるようにすることも大切です。**

音程の誤差をなるべく少なくするには

①自分の音程の傾向を把握する
②苦手なフィンガリング部分には替え指を使うことを考える
①②をできるだけ早い練習段階で実行し、そのことに慣れていくことが大切。

コツ 3　指定のテンポだけでなく　やや速くまたは遅く吹く練習をしておく

曲のテンポが指定されている時は、そのテンポで演奏できるように練習するのは当然ですが、実際に演奏する時には指定のテンポよりも若干速かったり、遅かったりすることもあり、曲が始まってみないとわからないものです。**指定のテンポよりも少し速いテンポや少し遅いテンポでも吹けるように練習し、柔軟に対応できるようにしておきましょう。**速く演奏することだけに慣れてしまうと、

基本＝指定のテンポで練習

応用1	少し速く練習
応用2	少し遅く練習
応用3	とても遅く練習

遅いテンポになったときについ急いでしまったり、リズムがすべったりする原因になります。時々ゆっくりのテンポに戻してじっくり自分の演奏に耳を傾け、チェックするようにしましょう。

これだけは覚えよう！

■ フレーズの流れが頂点に向かうことを意識する
■ 自分の音程の傾向を知っておく
■ 指定のテンポ以外にも柔軟に対応する

合奏に参加する前に音源を活用して自分のパートを覚えておく

　譜読み以外で合奏前に準備すべきことは、自分の演奏する曲を聴いておくことと、自分のパートを歌ってみることです。特に初心者のうちは、お手本となる演奏をよく聴いて、それをまねる練習から始めて、なるべく早く曲を覚える習慣をつけましょう。

コツ 1 合奏前にはデモ CD などを利用して曲のイメージや雰囲気をつかんでおく

　多くのバンドでは、練習している曲のデモCDなどを作って予習や復習に活用しています。合奏に参加する前には ①あらかじめ音源を聴いておく ②曲のイージをある程度つかんでおく など、しっかり事前準備をしておきましょう。

　合奏は、できないところを指摘する時間ではなく、指揮者と一緒に楽曲を練り上げ、作り上げていく時間です。練習を効率的に進める意味でも、曲をきちんと聴いておきましょう。特に練習曲数が多くなると、限られた合奏の時間で問題点を指摘するには限界があります。デモCDは作成前に指揮者とも相談し、できれば複数の演奏を聴き比べて、**一番イメージに近いものを選んで本番の曲順で編集する**ようにしましょう。

ワンポイントアドバイス

　上達の早道は、見本となる演奏をまねることから始まります。できれば複数の異なる模範演奏を聴いて、自分なりにどうしたらお手本のように演奏できるか、いろいろ工夫してみるようにしましょう。

コツ 2 音源に合わせて自分のパートを歌い 全体の中でどう聴こえるか確認する

曲を聴き込んである程度のイメージをつかめたら、次は **①自分のパートをデモCDに合わせて口ずさむ ②曲の流れのなかで自分が音を出すタイミングを理解する ③自分が出る直前に聴こえるパートを譜面に書き込んでおく** などの準備をしましょう。自分のパートが歌えないと、実際に楽器を持った時もうまく演奏することができません。単純なようですがとても役に立つ練習なので、おっくうがらずに歌う習慣をつけましょう。

音源に
合わせて
口ずさむのも
大切な
練習です

コツ 3 他のパートに注意しながらさらに聴き 自分のパートとの関連を考える

音源を聴きながらの練習はこれだけではありません。自分のパートが歌えるようになったら、**①他のパートを口ずさみながら自分のパートの譜面を読む ②逆に自分のパートを歌いながら他のパートの動きをイメージする ③機会があればスコアを参照する** のもいい練習になります。曲に慣れないうちは、合奏中どうしても自分のパートを演奏することだけに夢中になってしまいがち。**合奏以外の時間に、客観的に自分のパートと他のパートとの関連を理解しておきましょう。** そのうち、合奏で自分の演奏だけでなく、だんだんまわりの音が客観的に聴けるようになります。

これだけは覚えよう!

- 音源を活用し曲のイメージをつかむ
- 音源に合わせて自分のパートを歌ってみる
- 他のパートと自分のパートとの関連を知る

作曲家の意図を理解するために スコアの読み方のコツをマスターする

すべてのパート譜が一覧できるスコアは、演奏における地図のような存在。演奏に必要な情報の宝庫です。指揮者は、作曲者、編曲者が音符や音楽的な技法に込めた思いを読み取り、それを忠実に再現するためにも、スコアの読み方に慣れておくようにしましょう。

コツ 1 合奏前にじっくりスコアに目を通し 曲全体のイメージをつかんでおく

合奏中は常に音楽が先に進んでいるので、スコアの各パートの音をひとつひとつ丁寧に追っている時間はありません。合奏前には、以下のような準備をしておきましょう。①**スコアを読み、曲**

の雰囲気をつかむ ②**強弱やアゴーギク**など、それぞれの部分でどの楽器を引き立てたら良いか考える ③②**に関するメモを作るか、あらかじめスコアに書き込んでおく** ④**曲全体の構成（A-B-A、A-B-C-A-Bなど）を確認し、どこがク**ライマックスで、そこに至るまでどのような構造になっているかも頭に入れておく　などがポイントです。実際の練習は、団全体の合奏計画に合わせて少しずつ進めていくようにしましょう。

ワンポイントアドバイス

合奏中に実際の音を前にしていると、特に音が大きくなるところでは実際の演奏よりもうまく聴こえてしまうことがありがちです。なるべく客観的な耳でサウンド全体をチェックする習慣をつけましょう。

コツ 2　各セクションに割り当てられた
　　音楽上の役割を整理しておく

音楽は、メロディ、オブリガート、ハーモニー、リズムなどのセクションの組み合わせで構成されています。スコアを見る時は、**①どの楽器とどの楽器が同じ動きをしているのか ②その部分で合奏をリードしているのはどの楽器なのか**をおおまかに理解しておくようにしましょう。**②をわかりやすくするため、それぞれのセクションを蛍光ペンなどで色分けしておく**と、合奏中に指示を出しやすくなります。また、慣れないうちは合奏中に一度に多くの音を聴くことはなかなかむずかしいものです。練習を録音し、実際にはどう聴こえていたかをチェックするのもいいでしょう。

コツ 3　作曲家が楽譜上で表現している
　　演奏効果の意図は何か考える

作曲家や編曲者は、自分が表現したいことを実現するため、オーケストレーション（各楽器の使い方や編成）にもさまざまな工夫を凝らしているものです。その詳細がスコアに「ライナーノーツ」として記されている場合は、必ず目を通しておくようにしましょう。オーケストレーションでは、きらびやかな雰囲気を作りたいときにはピッコロを入れる、低音を聴かせたい時はユーフォニアムとチューバをオクターヴユニゾンにするなどのパターンがあるので、なぜそこにその楽器が使われているかの意図を読み取ることで、より高い演奏効果を実現することができます。

これだけは覚えよう！

- 合奏前に時間をかけてスコアを読んでおく
- それぞれのセクションの役割を把握する
- 作曲家の演奏効果の意図を考える

27

得意な部分を伸ばすために、時には
初心に帰って基本を確認する

ある程度上達して楽器の扱いや合奏にも慣れてくると、初心を忘れてしまいがち。そんな時にはもう一度基本に立ち返って、自分のレベルをチェックしてみましょう。基本がしっかり身についていれば、多少ブランクがあってもすぐに演奏カンを取り戻すことができます。

コツ 1　いつも曲だけを練習せずに 時には初心者のつもりで基本を確認する

演奏の基本とは、どんな音域でも良い音色で吹けること。それを実現するためには、正しい姿勢、呼吸法、口の中の状態、タンギング、母音…など、楽器を持ったばかりの時に練習したことをきちんと身につけていることが大前提となります。難しい曲が吹けるようになると、これらの基礎練習は何となく後回しになってしまいがち。時には初心者になったつもりで、左のような項目ができているか、改めてひとつずつチェックしてみましょう。

初心に帰るためのチェックポイント

- ・姿勢
- ・拍やリズムを細かく刻む
- ・正しい音程
- ・息の吸い方
- ・のどの状態
- ・体の中での息の作り方
- ・吹く前の口の作り方
- ・タンギングと母音の発音
- ・指の形と楽器の持ち方
- ・口の形と口の中の状態
- ・まっすぐな音の出し方
- ・音色
- ・音価
- ・音の処理　　など

ワンポイントアドバイス

音楽大学の受験項目でも、音階や練習曲がきちんと吹けているかどうかが評価されるくらい、基礎力は重視されています。初心者のうちに身につけておくと一生役立つので、しっかり練習しておくようにしましょう。

コツ 2　ロングトーンを練習して正しい呼吸ができているか確かめる

　管楽器の演奏は、ロングトーンで始まりロングトーンに終わるといっても過言ではありません。最初から最後まで息の圧力を変えずにまっすぐな音が出せているか、もう一度確認してみましょう。

　ロングトーンを日頃から練習していないと、速い曲や難しい部分で音色や音程が乱れてしまうので要注意です。タンギング、リップスラー、アルペジオ、半音階、全調スケールについても同様です。曲の速いパッセージがなかなか吹けなかったり、音程が不安定になってしまう時は、一度曲から離れて基礎練習に戻ることもひとつの方法です。

ロングトーンの基本

①意識して最後まで圧迫感を残す
②最後に向かって少し圧迫感を増すような感じで練習する
③自分で意識しなくても腹筋を使えているか時々確認する（P70参照）

コツ 3　得意な部分をさらに鍛えて誰にも負けない強みを持つようにする

　基礎練習はただ繰り返せば良いというものではなく、自分流にアレンジしてより効果が上がる方法を考えることも大切です。①音階練習のテンポを上げる ②アルペジオのアーティキュレーションを変える ③ロングトーンは小さい音でとにかく長く吹く　など、いろいろ工夫してみましょう。苦手なことだけでなく、得意なことを伸ばすのも大切な練習です。①フィンガリングが得意→なるべく速く練習する ②初見に強い→さらに初見力をアップする ③音程が得意→どんな曲でも良い音程で吹ける練習をする　など、自分の武器をさらにレベルアップする努力を続けましょう。

☐ フィンガリングが得意
➡ なるべく速く練習する

☐ 初見に強い
➡ さらに初見力をアップする

☐ 音程が得意
➡ どんな曲でも良い音程で吹ける練習をする

これだけは覚えよう！

▶ 定期的に基本の練習ポイントを復習する
▶ ロングトーンで呼吸法をチェックする
▶ 長所をさらに伸ばすための練習を工夫する

いつも良いコンディションで演奏するために
楽器のメンテナンスに気を配る

うまくなりたい！　と願う人ほど、1分でも長く楽器を吹いていたいと思うもの。しかし楽器の手入れをおろそかにすると故障の原因になり、貴重な練習時間を無駄にしてしまいます。毎日のメンテナンスに気を配り、いつも良い状態を保つようにしましょう。

コツ 1　練習を終えたらきれいに拭いて　吹く前の状態に戻してからケースにしまう

すべての楽器に共通するのは、吹き終わった楽器をきれいに拭いてからしまうこと。楽器付属のやわらかい布などを使い、①外側についたほこりや指紋を

拭く ②内側を拭いて水滴を取ってからしまう　を徹底するようにしましょう。管内に汚れがつくとキーやピストンなどの動きが悪くなって吹きにくくなるなど、演奏にも少なからず影響が出てしまいます。毎日数分のことなので、汚れをつけたままにしないようにしましょう。意外に忘れがちなのが、手入れする布を清潔に保つこと。できれば複数枚用意して、いつもきれいなものを使うようにしましょう。

ワンポイントアドバイス

よく「楽器を大切にする人は上達が早い」と言われますが、これはまぎれもない真実。楽器はどれも精密機械のように複雑な構造をしているので、大切に扱うようにしましょう。オイルやグリスも日頃の手入れの必需品です。

コツ 2 　木管楽器はキーの部分に 適宜オイルを注(さ)すのが手入れのポイント

　木管楽器の場合は、日頃の手入れに加えてキーオイルを使うようにしましょう。キーオイルは注しっぱなしにすると、そこにほこりがついて、かえってキーが動きにくくなってしまうので注意が必要です。キーオイルは、**①適量のオイルを注したら余分なオイルを拭き取る ②毎日練習の後にきれいに拭いておく**　のがポイント。オイルが不足すると金属部分の摩擦が大きくなり、キーを動かすたびに調整が狂ってしまったり、各部品の

消耗を早めてしまう原因にもなります。また、キーやねじがさびてしまうと修理が必要になり、楽器の寿命にも影響するので気をつけましょう。

コツ 3 　金管楽器は可動部の特徴に合わせ 複数のオイルを使い分ける

　金管楽器は、ロータリー軸、レバー、抜差管などの可動部分に適した粘度のオイルを適度に注すようにしましょう。バルブオイルは粘度が低いので、管体の外側に使うとすぐに揮発してしまい、効果がありません。それぞれの場所に合わせたオイルを使うことで、楽器のコンディションを保つようにしましょう。

　また、バルブオイルやロータリーオイルは汚れを落とす効果もあります。毎回練習の前後にまめに注すことが楽器の

状態を維持することにもつながります。マウスピースは、練習後に専用のブラシで洗うのもいいでしょう。

これだけは覚えよう!

▶ 練習を終えたら汚れをきれいに拭く

▶ 木管楽器はキーオイルを上手に使う

▶ 金管楽器はオイルを使い分ける

記号	説明	記号	説明
ト音記号	主に高音部の音を表す場合に使います。	*mf* メゾ・フォルテ	やや大きく
ヘ音記号	主に低音部の音を表す場合に使います。	*f* フォルテ	大きく
拍子記号(例)	4分の3拍子。1小節に4分音符が3拍入る拍子を示します。	*ff* フォルティッシモ	きわめて大きく
縦線	小節線を区切ります。	♩=120	1分間に4分音符を120回演奏する速さ(メトロノームを120に合わせる速さ)
複縦線	同じ太さ2本のものは曲の区切りを、右端が太いものは曲の終わりを示します。	*Andante* アンダンテ	歩く程度のゆっくりした速さで
反復記号(リピート)	記号内の範囲を繰り返します。	*Moderato* モデラート	中くらいの速さで
三連符	拍を3等分します。	*Allegro* アレグロ	快速に
フェルマータ	ついた音を長く伸ばします。	*rit.* リタルダンド	だんだん遅く
スラー	スラー内の異なる音程の音をなめらかに演奏します。	*poco rit.* ポコ・リット(ポコ・リタルダンド)	少しだけだんだん遅く
タイ	同じ音程の2つの音をつなぎ、あとの音は発音せずに2つの音価分伸ばします。	*meno mosso* メノ・モッソ	今までより遅く
スタッカート	音を短く切って吹きます。	*poco a poco* ポコ・ア・ポコ	少しずつ
テヌート	音価いっぱい音を保ちます。	*molto* モルト	きわめて
アクセント	その音を強く吹きます。	*sempre* センプレ	常に
cresc. クレッシェンド	だんだん強く	♯ シャープ	半音高く
dim. ディミヌエンド デクレッシェンド	だんだん弱く	♭ フラット	半音低く
pp ピアニッシモ	きわめて弱く	♮ ナチュラル	シャープやフラットがついた音を元の音に戻す
p ピアノ	弱く	𝄪 ダブルシャープ	半音2つ分(全音)高く
mp メゾ・ピアノ	やや弱く	𝄫 ダブルフラット	半音2つ分(全音)低く

臨時記号

第２章

もっと上達する
合奏練習のポイント

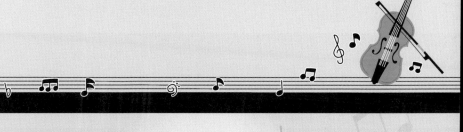

合奏ではパートごと、セクションごとに
ひとりで吹いているように聴こえるのが理想。
練習のポイントを覚えて、メンバー全員でステップアップしましょう。

合奏練習に必須！
譜面の内容をすぐに理解する方法

　初めて渡された譜面を読み、その音楽の内容をつかむことを「譜読み」と呼びます。これをいい加減にすると、曲を仕上げていく段階で苦労することになります。記されている情報を良く読み込み、最初から計画的に工夫して内容を理解していく習慣をつけましょう。

コツ1　調号、音、臨時記号は間違えて覚えないよう正確に読み取る

　書かれている音や記号を間違えて覚えて練習してしまうと、あとで修正するのが大変です。譜面を読む時には、以下の点に注意しましょう。

　①調号（その曲の調を表す♯や♭の記号）を確認する。調号が多い曲は、どの音に♯や♭がつくのかをチェックすることも大切です。曲の途中で調号が変わる場合は注意しましょう。

　②臨時記号はその小節内のみで有効。特に𝄪や♭♭は間違えやすいので、慎重に確認するようにしましょう。

　また、簡単なようで間違えやすいのがトリルやターンなど、装飾的な音符の演奏方法や構成音です。特に臨時記号がついている時は、表記が小さいので、見落とさないように気をつけましょう。

トリルの構成音

なるべく速く細かく

この他にも、装飾音にはいろいろな表記があります。

コツ2 拍子やリズムの構成から曲全体の感じ方や雰囲気を読み取る

　まず最初に、曲の冒頭に記されている拍子を確認しましょう。特に8分の7拍子のような変拍子（2または3の倍数で割り切れない拍子）の場合は注意が必要です。変拍子は、3＋4、4＋3、2＋2＋3のようなパターンが多いので、ある程度の見当をつけておくと譜読みがスムーズになります。

　リズムを理解するための基本は、リズムを細かく分解することです。たとえば付点8分音符なら、16分音符3つまたは8分音符1つ＋16分音符1つに置き換えて練習しましょう。タイやシンコペーションも慣れないうちは難しいので、分解したりタイをはずしたりして、正確に吹けるように練習しておきましょう。

　また、**リズムの取り方を工夫すると曲想を早くつかむことができます。**テンポが速い曲ははずむような感じでリズムを取るといいでしょう。反対にレガートでゆっくり横に流れていく曲は、拍をなめらかに感じるようにします。

16分音符3つに分解　　8分音符1つ＋16分音符1つに分解

タイをはずし、すべて8分音符に分解

これだけは覚えよう！

▶ 調号、音、臨時記号などをチェックする

▶ 拍子とリズムの特徴、変化を読み取る

▶ 強弱や音符の性格を理解する

自分のパートの役割を考えながら強弱や音符の性格を読み取る

　fやpなどの音の強弱は、fが何デシベルと数字で決まっているわけではないので、演奏者のセンスが問われる部分です。強弱表現のポイントは、**①単なる音量ではなく、音楽のニュアンスも含まれていると考える　②曲調に合った表現を心がける　③同じfでも、メロディの場合と伴奏にまわる場合など、合奏全体のバランスを考えて演奏する**　の3点です。特に伴奏でロングトーンを伸ばす場合は、譜面にfと書かれていてもかなり音量を小さく指定される場合があるので、ある程度予測を立てておきましょう。

　またクレッシェンドでは、その指示を見たとたんに音量が大きくなってしまう傾向があります。**①書かれているところではまだ大きくならない　②クレッシェンドの頂点を見きわめて、できるだけそこに近いところで音量を大きくする**　の2点に留意すると効果的です。ディミヌエンドについても、同じように考えるようにしましょう。

ワンポイントアドバイス

譜面にはこれ以外にも、音楽の方向性、テンポ、音程などさまざまな要素が記されています。注意して譜面を読む習慣をつけることは練習時間の短縮にもなるので、間違って覚えてしまわないよう慎重に練習しましょう。

コツ 4 曲全体の雰囲気をつかむために 小節、フレーズ、グループを意識する

音楽では、フレーズを構成する単位となるのが小節です。小節線を越える時には、いつも何らかのエネルギーの変化があると感じるようにしましょう。フレーズとは文章の句読点にあたるもので、文章を音読する時と同様に、適切なところで区切ったりつなげたりして、きちんと意味が通るように演奏することが大切です。そのためには ①どこが音楽の「、」でどこが「。」かをきちんと譜面から読み取る ②フレーズの頂点がどこかを考える ことが大切です。

どうしてもフレーズの途中でブレスを取らなくてはいけない時には、①ブレスの直前の音から次の音への方向性をはっきり示す ②音を抜かずにはっきりと切ってからブレスする ようにしましょう。音の方向性が明確になっていれば、ブレスをはっきり切っても音楽は不自然な流れにはなりません。

また、フレーズはさらに小さい単位のグループから構成されていて、グループ化することでより自然な流れで音楽を聴かせることができます。フレーズを作ることを「フレージング」と呼びますが、それと同じようにグループを作ることを「グルーピング」と呼ぶので、こちらも覚えておきましょう。フレーズを考える時は、アゴーギクや音楽の方向性を考えながら構成しましょう。

フレーズの頂点とブレスの取り方

グループとフレーズの関係

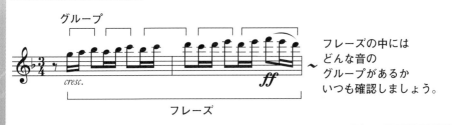

完成度の高い演奏をするために
逆算して合奏計画を立てる

合奏は無目的に何度も繰り返すのではなく、どの段階までステップアップしたいかを明確に定めて、それを達成するための計画を立てて進めていくことが大切です。できるだけ具体的な目標を定めて、それを実現するために全員で努力しましょう。

コツ 1　中長期的な視点で目標を立て 完成度の高い演奏を一歩一歩目指す

旅行の計画を立てることと、合奏計画を立てることはとてもよく似ています。つまり旅行と同様に、

①目的地を決める ②その目的地への行き方を決める ③決めた行き方に従っ

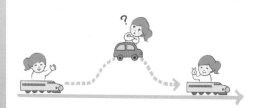

て進む　ことが合奏計画であり、もしも道に迷ってしまったら、

④自分の居場所をもう一度確認する ⑤今の居場所から目的地に行く方法を再確認する

ことが必要になります。特に学生やアマチュアはひとつの曲を仕上げるまでに時間がかかるので、ある程度のスパンで、中長期的な視点を持って着実な合奏計画を立てるようにしましょう。

ワンポイントアドバイス

毎回の練習ごとに目に見えるように上達していくのが理想ですが、現実はなかなかそうはいかないもの。結果を急がず、多少時間がかかっても一歩ずつ目標に近づいていく努力を惜しまないようにしましょう。

コツ 2 全員が具体的にイメージできる 明確な目標を持つようにする

合奏計画を立てる際には、①**全員が具体的なイメージを持つことができる大きな目標を立てる** ②**それを実現するための小さな目標を練習期間にあてはめて考える** ことがポイントです。目標は、「ライバルの〇〇吹奏楽団のような演奏がしたい！」というモチベーション的なものでも「もっと音程を良くしたい」という技術的なものでもいいでしょう。

大きな目標が決まったら、「1か月後には縦の線をしっかり合わせる」「2か

もっと音程を良くしたい！

月後にはピッチもしっかり合わせる」など、**ある程度の期限を決めて徐々にステップアップしていく**ようにしましょう。

コツ 3 練習計画は作りっぱなしにせず 目標が達成できたか時々チェックする

合奏は旅行と同様、時にはいくら事前にきちんと計画を立てても、予定した通りに進んでいかないこともあります。そんな時は一度目標を立てた時点に立ち戻って、合奏計画全体を見直しましょう。主な見直しのポイントには、①**団全体をどのように成長させたいか** ②**現状の良くない部分は何か** ③**それを改善するにはどうしたらいいか** ④**実際の改善案は何か** のような項目があります。考えた改善案を試してみてもうまくいかな

あっち　こっち

いようならメンバー同志で話し合い、また別の方法を考えて違った角度から見直してみましょう。

これだけは覚えよう！

■ 中長期的な視点を持って最終目標を定める
■ 全員が具体的にイメージできる目標を持つ
■ 練習計画や目標は随時見直し修正する

合奏の最大のリーダー！
指揮者の役割を理解する

指揮者の最大の仕事は、スコアリーディングや楽曲分析をもとに、今練習している曲に対して明確なイメージを持ち、それを的確にメンバーに伝えることです。指揮棒の操作だけでなく、表情やアクションなど体全体を使ってわかりやすく伝えるようにしましょう。

コツ 1　演奏中は曲のテンポをキープし
曲中のテンポ変化もわかりやすく示す

指揮者は①曲全体のテンポや振り方を最初に説明するのはもちろんですが、アッチェレランド、リタルダンド、ア・テ

ンポなど、②曲の途中でテンポが変化する時にもどこからそうするかを説明し、その通りに指揮棒でしっかり示すようにしましょう。特に演奏の途中でリズムやテンポがずれてきた時には、それまで以上に大きなアクションなどでメンバーの注意を指揮者に引きつけ、なるべく早く修正するようにしましょう。メンバーが演奏に集中して周囲の音を良く聴いていれば、多少のアクシデントは指揮者がそれほどあわてなくてもすぐに修正できます。

ワンポイントアドバイス

指揮者は練習時に、スコアからピックアップした要素のうち何を説明するか、練習の段階に応じて決めておくようにしましょう。日頃からいろいろなジャンルの曲に親しみ、アイディアの引き出しを増やすことも大切です。

コツ2 スコアから作曲家の意図を読み取り それを具体的に合奏で表現する

指揮者がスコアから読み取るべき情報は実に多彩です。①テンポ、拍子、調号、発想記号 ②テンポが変化するところ、フェルマータ ③場面ごとの楽器構成、④メロディと伴奏の区別 など、入念に何度もチェックするようにしましょう。特に合わせ方やリズムが複雑なところや、楽器構成が少なく音が薄くなるところは要注意。仕上げに時間がかかるので、練習方法を考えておくようにしましょう。また、軽快なリズムの伴奏とレガー

指揮者がスコアから読み取る情報

①テンポ、拍子、調号、発想記号
②テンポが変化するところ、フェルマータ
③場面ごとの楽器構成
④メロディと伴奏の区別 など

トのメロディの組み合わせの場合は、どちらを主体に振るか決め、練習時にメンバーに説明しておくといいでしょう。

コツ3 演奏表現に必要なイメージを わかりやすい言葉で簡潔に伝える

演奏表現のためのアイディアは、メンバーに具体的に伝えて指揮者と同じイメージを持ってもらうことで初めて実現できます。大きく小さく、速く遅くで伝えるのではなく、「つま先立ちで歩くように」「太陽が昇るように」など、ニュアンスを理解しやすい言葉で指示するようにしましょう。演奏ではメンバーどうしの信頼関係が厚いことはもちろんですが、指揮者とメンバーとの間にも信頼関係が必要です。どんな時でもメンバー

演奏表現のアイデアの伝え方

「つま先立ちで歩くように」
「太陽が昇るように」
「元気よく力強く」
「嬉しくて飛び跳ねるような」
「悲しくて気持ちが沈むように」
など、ニュアンスを理解しやすい言葉で指示する

から信頼される指揮者であるためにも、日頃からスコアやCDを利用したイメージづくりを欠かさないようにしましょう。

これだけは覚えよう!

▶ テンポをキープしてしっかり指示する
▶ スコアを理解しどのように振るか決める
▶ 演奏する曲のイメージを具体的に伝える

音程をきちんと合わせるために
正しくチューニングする

チューニングは、すべての楽器が一度に音を出した時に音程をきちんと合わせるための大切な準備作業です。音程が悪い演奏はとても聴き苦しいので、メンバー全員の上達のためにもひとりひとりが正しくチューニングし、いつも良い音程で吹くように心がけましょう。

コツ 1 チューナーの使い方を知り ピッチを 442Hz に正しく合わせる

チューニングは、チューナーの442Hzに合わせるのが基本です。

①**チューナーのB♭と楽器のB♭の音程を合わせる** ②**同様にすべての音を合わせる** の順で、正しくチューニングしましょう。**チューニングの時はあまり大きな音で吹かずに、注意深くチューナーの音を聴くのがポイントです。**ピッチが合わないと「ウワンウワン」という「うなり」の音がしますが、合うとうなりが消え、チューナーの音程に同化したよう

な音色になるので、この感じをなるべく早くつかむようにしましょう。楽器のクセやバランスによって合いやすい音と合いにくい音があるので、自分の楽器の傾向を知っておくようにしましょう。

ワンポイントアドバイス

チューニングは慣れないうちは時間がかかり苦労するものですが、合奏の都度きちんと行うことで必ず1年後には結果が出ます。いつも正しい音程でアンサンブルすることを目標に、根気良く続けていくようにしましょう。

コツ 2 和音の感覚を利用しながら合奏全体で各パートをチューニングする

個人のチューニングが済んだら、パートごとにチューニングします。以下の順序で正確に合わせるようにしましょう。

①ひとりずつ重要な音をハーモニーディレクターに合わせます。初心者で出すのが難しい音は飛ばしてもかまわないので、あまり時間をかけすぎないようにしましょう（下の譜例はフルートの場合）。

②低音⇒中低音⇒中音⇒高音の順に、B♭、F、C、A、B♭の音を低音楽器から1パートずつ重ねる

これでユニゾン（同じ音程を複数のパートで演奏すること）の音程感覚をつかむことができます。最後に全員で、B♭の音を合わせます。

主要音のチューニング例

Flute

コツ 3 他のメンバーのチューニングを日頃から良く聴くことで耳を鍛える

チューニングで一番大切なのは、上の項目の①をしっかり行うことです。この時に指揮者やバンドマスターなどがひとりひとりの音の高低を指摘しながら、さりげなくその日の調子を感じ取って「今日は調子がいいね」「今日は無理しないように」などとアドバイスするようにしましょう。**それ以外のメンバーも、今出ている音が高いのか低いのか自分なりに考えながらチューニングを聴いているようにしましょう。**これを繰り返すことで

> ひとりずつ重要な音をハーモニーディレクターに合わせる
>
> 指揮者やバンドマスターなどがひとりひとりの音の高低を指摘
>
> それ以外のメンバーも、今出ている音が高いのか低いのか自分なりに考えながらチューニングを聴いている

しだいに耳が鍛えられ、最終的には合奏全体の音程が向上することにもつながります。

これだけは覚えよう！

- 基本のピッチ442Hzに音を合わせる
- 合奏全体でパートごとにチューニングする
- 他の人のチューニングを聴くことで耳を鍛える

全体のレベルアップをはかるために
合奏練習の基本的な進め方を覚える

　合奏では、ただ曲を練習するだけでなく、決まったメニューの基本合奏を毎回きちんと行うことが上達のポイントです。根気良く続けることで全体の技術レベルが向上したり、オリジナリティのあるしっかりした「バンドサウンド」を作ることができます。

コツ 1　練習前のウォーミングアップが 十分できる時間に会場に行く

　合奏開始の5分前に練習場に駆け込み、楽器を組み立てていきなり参加するのはもってのほか。日頃の練習の成果を存分に発揮するためには、合奏に参加

する前に十分にウォーミングアップしておきましょう。**①楽器を少し練習場の室温に慣らしてから吹く ②ロングトーンや音階練習などで徐々に楽器や指をあたためるようにする**　がポイント。特に真夏や真冬など、練習場と屋外の気温差が大きい時には、すぐ吹いてもなかなか状態が安定しないので気をつけましょう。ある程度楽器が鳴ってくるまでの時間を見て、**練習開始時間よりも早めに行く習慣をつける**ようにしましょう。

ワンポイントアドバイス

　吹奏楽の醍醐味は、何といっても合奏です。個人練習、パート練習、セクション練習で身につけたことを存分に発揮して、基本合奏を通じてバンドサウンドとしての一体感を味わいましょう。

コツ 2 チューニングの後は一定の流れで 常に同じ基本合奏練習を繰り返す

基本合奏に入る前には、あらかじめ個人でチューニングしておきます。できれば同じパートで合わせておくと良いでしょう。基本合奏のおおまかな流れは以下の通りです（団体によって多少内容は異なります）。

①全体でチューニング ②ロングトーン③バランスとハーモニー ④テキストを利用し、アルペジオ、リップスラー、半音階、コラール、リズムスタディなど

基本合奏の時間は、30分〜1時間が

基本合奏のおおまかな流れ

①全体でチューニング
↓
②ロングトーン
↓
③バランスとハーモニー
↓
④テキストを利用し、アルペジオ、リップスラー、単音階、コラール、リズムスタディなど

目安です。特に③は、複数の調性で練習するようにしましょう。

コツ 3 ハーモニーディレクターを活用し 練習を効率的に進める

ハーモニーディレクターは、基本合奏の必須アイテムです。各楽器やパートの音程を確認するための基準になるだけでなく、メトロノームやチューナーの機能もついているので、練習の目的に合わせて積極的に活用しましょう。特に移調楽器の音程を確認する時には威力を発揮します。たとえばハーモニーディレクターをB♭に設定してトランペットのパート譜の記譜音を弾くと、楽器の実音通りの音が出るので、その都度記譜音と

実音を読み替える必要がなく、練習を効率的に進めることができます。

これだけは覚えよう！

■ 時間に余裕を持ってウォーミングアップする
■ チューニング→基本合奏の流れを知る
■ ハーモニーディレクターを活用する

合奏で音色やニュアンスを揃えるために
パート練習で基礎を固める

それぞれが譜読みをして自分のパートを吹けるようになったら、パートのメンバー全員で練習しましょう。パート練習は合奏で同じ音色やニュアンスで吹くための大切なプロセスです。ひとりではくじけてしまうことでも、お互いに協力し合って楽しく練習しましょう。

コツ1 チューナーやメトロノームを使い
最初に基本的な技術を全員で確認する

パート練習の進め方も、基本的には個人練習と同じです。①チューナーやメトロノームを使う ②チューニングし、最

パート練習の座り方の例

パートメンバー

パートリーダー

初にウォーミングアップをかねてロングトーンやアルペジオなど、全員で基本的な練習をする の順序で、パートリーダーの指示に従って効率的に行いましょう。パートリーダーが前に座り、それ以外のメンバーの演奏を聴きながら指示を出すのが一般的ですが、円陣を組むように座るのも、全員の顔が見えていいでしょう。②ではまわりの音を良く聴き、音程やリズムをきちんと合わせるようにするのが基本練習のポイントです。

ワンポイントアドバイス

合奏とは誰かひとりの力に頼って演奏するのではなく、全員がベストを尽くして行うもの。パートリーダーを中心にコミュニケーションを深めながら、アンサンブルの基本となるパート練習をしっかり行うようにしましょう。

コツ 2 全員できちんと合わせることを目標に 曲のポイントをピックアップして練習する

次に曲の練習に移ります。どんな曲でも、①譜面に記されているアーティキュレーションやコントラストの変化を確認する②各フレーズのアインザッツを全員でしっかり合わせる ことが基本です。曲の練習を始めると、ついついフィンガリングやブレスなどに夢中になってしまい、テンポやリズムが乱れてしまいがちです。**難しいところほど縦の線がずれないように気を配り、最終的にはひとりで演奏しているように聴こえることを目指**

すようにしましょう。パートリーダーは指揮者が使うフルスコアを参照しながら、自分のパートの役割や他のパートの動きなどを必要に応じて説明するようにしましょう。

コツ 3 パートリーダーは人間関係に配慮し 良好なコミュニケーションをはかる

「パートリーダー」というと、パート内でいちばん技術的に優れている人と思われがちですが、それよりももっと大切なことは、**メンバーとの良好なコミュニケーションを保ち、指揮者との橋渡し役になる**ことです。

パートリーダーは立候補や推薦など、さまざまな方法で決まりますが、引き受けた以上は自分に自信を持つことが大切。**とにかく人より多く練習しましょう。**「練習量なら誰にも負けない！」と思えるようになると、自然にパートのメンバーからの信頼も厚くなります。パートの仲間からも慕われ、最終的にはパート内の結束も固くなっていくでしょう。

これだけは覚えよう！

- ■ チューナーなどを使い基本の技術を確認
- ■ 全員で縦の線をきちんと合わせる
- ■ リーダーとメンバーの信頼関係を高める

質の高い合奏練習をするために
セクション練習の進め方を覚える

パート練習と合奏練習の間にあるのがセクション練習。木管楽器、金管楽器、打楽器など楽器群別に行う場合と、高音、中音、低音など音域別に行う場合があります。曲の練習が中心になりますが、時には基本練習を一緒にすると、とても効果があります。

コツ 1　練習効率を優先しながら　　　セクションの分け方を決める

セクション練習は、①パートリーダーが集まって相談し、もっとも練習効率が上がるようにセクションを分ける ②各セ

クションのセクションリーダーを決める（できればパートリーダーとは別である方が望ましい）③練習メニューを決める

の順序で進めましょう。また、楽器別、音域別など基本の分け方をもとに、各パートの人数比や曲によってセクションの組み合わせを変えるようにすると、曲の大半は同じ動きのメンバーに分けることができます。複数の曲を異なるメンバーで練習する時は、それぞれの曲の練習時間の目安を決めておきましょう。

セクション練習の分類例

木　管	高音域
金　管	中音域
打楽器	低音域

など

ワンポイントアドバイス

合奏練習では、指揮者に対して「私たちのセクションはこんな風に工夫して練習してみました！」とアピールできるくらい、セクション練習でしっかりと曲を練り上げておくようにしましょう。

コツ 2 　指揮者やセクションリーダーに聴いてもらいアドバイスを受ける

練習は基本的にはセクションリーダーの指導を中心に進めていきますが、時には指揮者にチェックしてもらうのも良いでしょう。

練習を指導するセクションリーダーは、**①スコアを用意する ②事前にスコアを読んで同じような動きが多いパートを確認しておく**　などの準備が必要です。できればハーモニーディレクターを用意し、音程が悪いところはその都度チェックするといいでしょう。譜面に記載

されているダイナミクスや、曲中での掛け合いなどを意識し、**セクション全体が同じイメージを持って演奏できることを目標に練習を進めていく**ようにしましょう。

コツ 3 　メンバー同士でディスカッションし曲への理解を深める

セクションリーダーが指摘することを単純に右にならえで実行しているだけでは、中身の濃いセクション練習になりません。良い練習をするためには、**①パートリーダーや上級生、先輩などを中心に、「この曲はここをもっとこうした方がいい」など、思ったことをお互いに積極的に意見を交換する ②この時他のメンバーが発言したことを頭ごなしに否定しない**　の2点に気をつけましょう。

音楽は数学のように数字で結論が割

り切れるものではありません。それぞれの意見を尊重し、あらゆる可能性を考慮しながら、自分たちができる最高の演奏を目指すことが大切です。

これだけは覚えよう！

- 曲や目的別にセクションの分け方を決める
- 指揮者やセクションリーダーに聴いてもらう
- 積極的にディスカッションして理解を深める

曲全体の構造やイメージをつかむため
自分のパート以外の音も聴き込む

曲全体を理解するためには、自分のパート譜だけを眺めていては不十分。いろいろなパートの譜面を見ながら何度も曲を聴くことで、曲全体の構造やイメージをつかむことができます。自分のパートと他の楽器との関連を意識して、何度も聴き込むようにしましょう。

コツ 1　自分のパートだけでなく
なるべく一度に多くの音を聴くようにする

自分の演奏するパートと同じくらい、スコアに興味を持つことも大切です。パート譜からスコアが予測できるくらい何度も曲を聴き込みましょう。たとえば、

自分のパートと曲全体を
関連づけるには

①1度目は自分のパート譜だけを聴く
②2度目は自分の前及び自分が受け渡したパートを聴く
③3度目は自分のパート以外を聴く　など

①1度目は自分のパート譜だけを聴く　②2度目は自分の前及び自分が受け渡したパートを聴く　③3度目は自分のパート以外を聴く　など、視点を変えて聴いてみるのが効果的。最終的には自分のパート以外のすべてを口ずさむことができるのが理想です。**特に同じメロディやフレーズを複数のパートで受け渡す時には、「前の演奏と同じに吹く」のが大原則。**前の表現やテンポ感を受け継いでいくことで、曲全体の統一感が生まれます。

ワンポイントアドバイス

パート譜にmfと書かれていても、実際の演奏のバランスでffで吹くように指示されることもあり得ます。逆にffと書いてあってもfに落とす場合もあるので、ダイナミクスは臨機応変に考えるようにしましょう。

コツ 2 ダイナミクスは絶対的なものと考えずに 合奏全体の音量から判断する

パート譜に記されている音量記号は絶対的なものではありません。自分のパート譜にffと書いてあるからといってただ大きく吹くと、他のパートとの音量のバランスがくずれてしまう原因にもなりかねないので気をつけましょう。**①スコアを見て、自分と同じ音量で吹いているパートはどこなのかを確認する ②同じ音量で吹いている人数やパートが多い時には、あまり大きな音で吹くことにこだわらない** というのがひとつの考え方

です。むしろ吹きやすい音量で響かせることを意識した方が、結果的に豊かで大きな音量が出る場合もあります。pについても同様に工夫してみましょう。

コツ 3 パートの人数にも気を配りながら 全体の音量バランスを整える

合奏の現場で全体のダイナミクスを調整し、各パート間のバランスを調整するのは指揮者の役割です。パート間のバランスはその日の参加人数や団体によって異なるので、その都度工夫するようにしましょう。基本的には、

①そのパートと同じ動きをしているパートの人数 ②そのパートの役割（メロディ、伴奏など）③その結果どのくらいの音量が妥当か が指揮者から具体的に示されるので、それに従って演奏しま

パート間のバランスで大切なこと

①そのパートと同じ動きをしているパートの人数
②そのパートの役割（メロディ、伴奏 など）
③その結果、どのくらいの音量が妥当か

　日頃からお互いの音をよく聴き合って、バランスに気を配る習慣をつけることが大切

しょう。ただし指揮者の指示に頼り切りになるのではなく、日頃からお互いの音をよく聴き合って、バランスに気を配る習慣をつけましょう。

これだけは覚えよう！

 スコアを参照し曲の聴き方を工夫する

 全体の音量からダイナミクスを考える

 パート間の音量バランスにも配慮する

合奏で音楽を練り上げるために
「合わせるポイント」を知っておく

合奏練習は、これまで練習して来たことを実践する場でもあり、さまざまなパートの音が聴こえる中でひとつの音楽を作り上げていくためのかけがえのない時間です。全員が一緒に音を出す部分がぴたりと合う合奏ならではの醍醐味を体験してみましょう。

コツ 1　合奏ではどんな時も「全員の音をきれいに合わせる」ことを優先する

合奏では、①同じメロディやリズムを演奏する人が全員できれいに音を合わせること ②自分の演奏だけでなく、まわりの人がどのように演奏しているかに常に気を配ること　がいちばん大切です。**このアンテナ作りこそが合奏の真骨頂**といえるでしょう。メンバーのクセや間の取り方などを知ることで、合わせるタイミングがだんだんわかるようになります。相手が自分に合わせてくれることを期待するのではなく、いつも自分から相手に合わせようと意識することでお互いに歩み寄りが生まれ、タイミングが合いやすくなります。

メンバーの間の取り方

ワンポイントアドバイス

合奏で音を合わせるためには、いつもまわりのメンバーに対する思いやりの気持ちを忘れないことが大切です。「自分が自分が」と演奏するのではなく、いつも相手に合わせる気持ちを忘れないようにしましょう。

コツ 2　ブレスを合わせることを通じて パート全体のタイミングを揃えていく

オーケストラで弦楽器が音を合わせる時には、「弓の動きをコンサートマスターに合わせるように」といわれますが、管楽器は合わせるタイミングがわかりにくいものです。パートで一緒に出るところでは、①パートリーダーが上下に体を動かす ②パートリーダーとブレスを合わせる などの方法で音を合わせましょう。ユニゾンなどでいっせいに出るところでは指揮者も大きくブレスを取ることが多いので、指揮者と同じタイミングでブレスすると合いやすくなります。演奏中に直接アイコンタクトするのは難しいですが、合わせたい人の感覚をいつも自分の中でリアルに感じるようにすることで、しだいに呼吸を合わせていくことができるようになります。

コツ 3　メロディなのか伴奏なのか 自分のパートの役割をきちんと理解する

合奏では、①自分のパートがメロディなのか伴奏なのかを知る ②その役割をどこから受け継ぎ、どこへ引き継いでいくかを知っておく ことも重要なポイント。合奏前にスコアを読んで、自分のパートの役割をきちんと理解しておくようにしましょう。たとえばメロディに途中から入る時には、①自分の前にメロディを演奏しているパートをよく聴く ②どのように吹いているのか考えながら出番を待つ ③音量やアーティキュレーションに

フルート　　　トランペット

も気を配り、自分が曲の一部を担っているという意識を常に持つ などを忘れないようにしましょう。

これだけは覚えよう!

- ■ 常に周囲の演奏タイミングを意識する
- ■ 同じ場所でブレスし呼吸を合わせる
- ■ 自分のパートの役割に応じた音量で吹く

中身の濃い練習をするために
決まったタイミングで休憩する

　限られた時間内で中身の濃い練習をするためには、適度に休憩を入れながら気持ちをリフレッシュすることが大切です。休憩時間を決まったタイミングで取ることで、合奏中の指摘をパート譜に書き込んだり、パート内で確認したりすることもできます。

コツ 1　練習のおおまかな時間配分を決め なるべくそのスケジュールを守る

　合奏中は、どうしても少しずつ集中力が落ちてしまいます。50〜60分に1回を目安に休憩を入れるようにしましょう。たとえば合奏時間を4時間とした場合、下のような流れで練習を進めるようにします。指揮者を始め、メンバー全員がこのスケジュールを極力守るようにしましょう。特に休憩時間は予定よりも長くなっ

練習計画の例（練習している曲が3曲の場合）	
13:00〜13:50	チューニング、基本合奏
13:50〜14:00	休憩①、練習曲①の参加者はウォーミングアップ
14:00〜14:50	練習曲①合奏
14:50〜15:00	休憩②、練習曲②の参加者はウォーミングアップ
15:00〜15:50	練習曲②合奏
15:50〜16:00	休憩③、練習曲③の参加者はウォーミングアップ
16:00〜16:40	練習曲③合奏
16:40〜17:00	片付け、終わりの挨拶

てしまい、最後の曲の練習時間が少なくなってしまいがちです。次の練習開始時間前には必ず席に戻り、すぐに練習が再開できるようにしましょう。

ワンポイントアドバイス

　休憩時間には、音楽以外の話題も提供してみましょう。お互いに思いがけない共通点が見つかり、コミュニケーションを深めるきっかけにもなります。練習後、どこに食事に行くか相談したりするのもいいでしょう。

コツ2 休憩時間は有効に活用して 練習中の予習復習の時間にあてる

休憩は、①楽器を置き、唇などを休ませて体力を回復する ②練習時に指摘されたことをパート譜に書き込む ③わからないことをパート内で確認する ためにも大切な時間です。また、合奏中疑問に思ったことは、忘れないうちに指揮者に直接確認しておきましょう。このほか、**合奏中にできなかったところを復習したり、次の曲で気になるところを練習しておくのも、休憩時間の有効な活用方法です。**休憩時間が終わりに近づい

たら、つば抜きやチューニングをして次の練習がスムーズに再開できるように準備しておきましょう。

コツ3 自分のパート以外のメンバーとも 積極的にコミュニケーションをはかる

より良い演奏をするためには、メンバー同士がいつも良好なコミュニケーションをはかることがとても大切です。特にアマチュアの演奏団体では、合奏時間と同じくらい休憩時間は貴重なコミュニケーションの場なので、積極的にいろいろなメンバーと話すようにしましょう。自分の曲の練習が終わってしまってもすぐに帰らず、仲間の演奏を聴いているのもとても参考になります。**①気づいたことをアドバイスする ②自分の演奏に対す**

る客観的な意見を求める など、何でも気軽に話し合うことが、結果的にはレベルアップにもつながります。

これだけは覚えよう！

- 練習中のおおまかな時間配分を決める
- 休憩時間で注意事項を整理する
- メンバー同士のコミュニケーションをはかる

経験の浅いメンバーは
楽器や合奏に慣れてもらう

どんなに上手な人でも、最初は誰もが初心者です。経験の浅いメンバーには、練習を通じてまず音楽を好きになり、楽器に慣れてもらうようにしましょう。個人練習は多少辛くても、合奏に参加するようになるとやる気がわき、続けていく意欲が出てくるものです。

コツ 1　教則本を参照しながら
ロングトーンなどで楽器に慣れてもらう

まずはそれぞれの楽器の基本的な演奏方法が書かれている教則本を探しましょう。教則本には、楽器の構え方、フィンガリング、アンブシュア（吹く時

の口の状態）、アルペジオのサンプル（木管楽器）、リップスラーのサンプル（金管楽器）、右打ち左打ちのサンプル（打楽器）などのポイントが書かれています。まず最初は、①楽器を持たずにマウスピース（吹き口）だけで音を出す練習をする ②出しやすい音でロングトーンができるように練習する ③上下に少しずつ音域を広げていく　の順で少しずつ楽器に慣れてもらうところから始めましょう。

ワンポイントアドバイス

本番当日だけいつもの練習時のセッティングを変えるのは禁物。あまりにも聴こえてくる音が違うと、演奏者も戸惑ってしまいます。本番当日の会場の響きを念頭に置き、練習の段階からいろいろ工夫してみましょう。

コツ 2　基礎練習の時はなるべく経験者がマンツーマンでアドバイスする

マウスピースの扱いに慣れ、口の形が決まるまでは、**なるべく経験者が練習を見てあげるようにしましょう**。ロングトーンができるようになったら、タンギング、リップスラー、リズム打ちなどの練習に移ります。付きっきりで教える必要はありませんが、**①その人に合った練習メニューを組む ②一度の練習で1回は上達のポイントをアドバイスする** と効果的です。学校の部活動の場合は、1年上の上級生が担当するのも良いでしょ

う。特に社会人の場合はなかなか敷居が高いものですが、パートのメンバーでアイディアを出し合いながら、工夫して練習するようにしましょう。

コツ 3　合奏に参加して曲を吹きながら徐々にアンサンブルに慣れてもらう

ある程度楽器の扱いに慣れてきたら、合奏に参加してもらいましょう。**同じ楽器で1st、2ndなど複数のパートがある場合は、音を出しやすい音域の低いパートを担当してもらうようにします**。最初から全曲練習すると負担が大きいので、**①いちばんやさしい曲だけにする ②簡単な部分だけ吹く** など工夫しましょう。特に社会人バンドは一緒に練習する時間が限られているので、どうしても初心者のケアをする時間が短くなりがち

です。サイレント楽器や防音設備などを利用するなど、個人練習の時間を確保するためのアイディアを教えてあげるようにしましょう。

これだけは覚えよう！

- 教則本を参照して基本を覚えてもらう
- なるべく経験者が基礎練習を指導する
- 実際に曲を吹きながら合奏に慣れてもらう

演奏に反映するために
指揮者の表現の意図を読み取る

合奏には指揮者が不可欠ですが、本来なら指揮者がいなくても演奏が完成するのが理想です。指揮者の役割は全体のバランスに配慮して、曲の解釈や表現の方向性を示すことなので、その指示や表現している内容を読み取りながら演奏するようにしましょう。

コツ 1　指揮に合わせる基本中の基本は曲の出だしや終わりを見ること

音の出だしをパートやセクションで合わせるためには、**指揮者の合図を良く見る**ことが大切です。指揮者は拍やフレーズの冒頭を指揮棒（または手）の打点で示しているので、打点と同じタイミングで音を出すようにしまし

ょう。指揮を見る時には①**自分の音が出る瞬間ではなく、しばらく前から見る** ②**直前の音楽の流れやテンポ、雰囲気を感じながら、その流れにスムーズに乗るようにする** がポイントです。指揮を見ながら自分で「ここだ！」と感じたタイミングを信じて、迷わずに音を出しましょう。遅れても速すぎてもアンサンブルが乱れてしまうので、まわりのメンバーやパートリーダーの気配に合わせて音を出すようにしましょう。

ワンポイントアドバイス

指揮者は前で指揮棒を振りながら、いつも「こっちを見て！」と思っているものです。指揮者を安心させ、お互いの信頼関係を築くためにも、指揮者をいつも視界の隅でとらえて、その指示に対応するようにしましょう。

コツ 2　指揮者とパート譜を同時に見て そのアクションを随時読み取る

　合奏中に常に指揮者を凝視している必要はありませんが、**パート譜と指揮者をいつも同時に視界に入れる習慣をつけることが大切です。**また多くの場合、指揮者はダイナミクスの大きなところでは大きなアクションで、逆に小さなところでは小さなアクションで振っているものです。アクションが大きくなるのが視界に入ったら、**譜面に指示されている強弱記号にかかわらず少し音量を上げるようにしましょう。**逆の場合も同様です。合

奏全体の音量バランスは毎回同じになるとは限らないので、**合奏中はパート譜にかじりつかずに指揮者の指示に臨機応変に対応しましょう。**

コツ 3　音量以外の音楽的な表現にも 敏感かつスムーズに反応する

　優れた指揮者になればなるほど、演奏中の状況に応じて、表現の幅を広げたり、テンポを微妙に変化させていくことができます。指揮者が少し遅いと感じている時は少し速く大きく、または硬めに振ったりするので、指示を感じたら可能な限りそれについていくようにしましょう。ただし**急に指揮者の指示に合わせてしまうと、他のパートのテンポや音楽全体の流れをくずしてしまう原因にもなってしまいます。**テンポを変化させる時

には、①周囲のメンバーと呼吸を合わせる ②不自然にならないように少しずつ遅くしたり、速くしたりする　ことがポイントです。

これだけは覚えよう!

▶ 曲やフレーズの出だしで指揮者を見る

▶ 常にパート譜と指揮を一緒に見る

▶ テンポの変化や表現したい内容を見る

指揮者の思いを演奏で表現するために
表現力を磨く努力をする

上手なバンドになるために必要不可欠なことは、「すべての奏者が指揮者と同じ気持になること」。前に立って指揮棒を振るということではなく、指揮者の思いや表現したいことを理解し、それを実現するためにどんな時も最大限に努力するようにしましょう。

コツ 1　合奏中の指揮者の指示は必ず譜面に書き込みパートで徹底する

指揮者の指示は、その場では「なるほど！」と思っても、すぐに忘れてしまいがちです。①記憶が新しいうちに必ずパート譜に書き込む ②パートのメンバー全員に徹底する ことを習慣づけましょう。指示された部分と同じパターンの個所がある場合には、そこにも同じように書き込みます。ただし指揮者によっては1回目と2回目で表現を変える場合があるので、気になる場合は直接確認しましょう。書き込みは、2B以上くらいの芯が太くて軟らかい鉛筆を使い、大きめに書きます。練習の過程で指示が変わることもあるので、消しゴムも用意しておきましょう。

ワンポイントアドバイス

合奏は複数のアンサンブルの集合体であり、アンサンブルはひとりひとりの集合体です。すべてのメンバーが指揮者になったつもりで、いつも同じ方向を向いてひとつにまとまって演奏することを目指しましょう。

コツ 2　指揮者のイメージをきちんと理解し そのために必要な技術に置き換える

　指揮者は練習中に自分のイメージをさまざまな方法で指示するものですが、人によってその伝え方には個人差があります。イメージとそれを実現するための具体的な方法の両方を指示してくれるタイプの場合はいいのですが、**①イメージだけを指示するタイプの場合は具体的な技術に置き換える ②技術だけを伝えるタイプの場合は、そこからどんな音楽をイメージしているのか想像する**　ようにしましょう。どう演奏すればいいのか

はそれぞれが工夫する必要がありますが、指揮者の指示が良くわからない時はそのままにせず、直接質問してみましょう。

コツ 3　音の長さやタイミングを工夫し ひとりひとりが表現力を磨くようにする

　指揮者の指示を最終的にどう実現するかはメンバーひとりひとりの問題です。**①まずは個人がその指示をもとに納得行くまで練習する ②その結果をパート練習でパートリーダーが確認する ③セクション練習でセクションリーダーが確認する**　のプロセスで、音楽の方向性を統一していきましょう。具体的には**①スタッカートの長さや強さ ②クレッシェンドなど音量変化のタイミング**　を統一しておくと、セクションごとの音楽がす

> まずは個人がその指示をもとに
> 納得行くまで練習する

> その結果をパート練習で
> パートリーダーが確認する

> セクション練習で
> セクションリーダーが確認する

っきりとまとまっていきます。指摘された課題をできる範囲で克服して、次の合奏の場でさらにステップアップするようにしましょう。

これだけは覚えよう!

■ 指揮者の指示を忘れずに譜面に書き込む

■ 指揮者の音楽的なイメージを共有する

■ 音の長さやタイミングで具体的に表現する

聴き手の心に響く合奏にするために
各パートでバランスを整える

大きなミスはないのに、何を表現したいのかが伝わらず、聴き手の心に響かない演奏になってしまうことがあります。これは、音量のバランスが悪いことが原因。各パートの役割をもう一度整理し、メリハリのあるバランスで説得力のある演奏を目指しましょう。

コツ 1　メロディが常に浮き立つように 音量のバランスを整える

いちばん大切なのは、メロディが伴奏やオブリガートなどに埋もれてしまわず、常に最も浮き立って聴こえるようにすることです。**①スコアをもう一度確認**

し、それぞれのパートやセクションの役割を整理する ②メロディを担当しているパートは、それをはっきり意識しながら吹く ように気をつけましょう。②の応用として、同じメロディを複数のパート（フルートとクラリネットなど）が吹いている場合、どちらかをffに、どちらかをmfにして曲の表現を多彩にするという方法もあります。曲全体の構成を考えながら、どうすれば印象的に聴こえるか、いろいろ工夫してみましょう。

ワンポイントアドバイス

人数の多いバンドほどその音量的なパワーに頼ってしまい、バランス調整が難しいもの。曲の場面によっては思い切って演奏人数を減らすなど、音量のバランスには常に気を配るようにしましょう。

コツ 2　指揮者のイメージに基づいて効果的に聴かせたいパートを決める

　聴かせたいパートは、基本的にはスコアに指定されている音量を基本に決めていきますが、音楽の内容をより深く表現するために、指揮者が主張したいパートや音色を引き立たせるように音量のバランスを調整する場合があります。それ以外のパートは、**譜面に記されている音量とかかわりなく、必要なパートがはっきり聴こえるまで音量を落として演奏するようにしましょう。** 特に小さな音を美しい音色で吹くことは、大きな音で

吹く時よりも数倍神経を使います。音程やリズムが不安定にならないように気をつけて、目立つパートをしっかり支えましょう。

コツ 3　打楽器などを効果的に使うことで曲全体の色彩感を豊かにする

　厚みのあるffを管楽器だけで表現しようとすると、とても粗い響きになってしまいます。この時、**音量と空気の振動を作り出すことができるバスドラム、ティンパニなどの打楽器を効果的に使うと、全体の音量が上がり、ハーモニーに厚みを出すことができます。** 同様に、**ブラスバンドで唯一の弦楽器であるコントラバスを低音に途切れなく響かせると独特の存在感を発揮し、全体のハーモニーの味つけ**となります。

　応用として、ピアノも終始目立たせるのではなく、曲のアクセントのひとつとして効果的に聴かせると、メリハリのきいた演奏になります。

これだけは覚えよう！

- メロディを全員が意識しはっきり聴かせる
- 曲想に応じて聴かせたいパートを決める
- 打楽器を使って演奏効果を上げる

メンバーのレベルアップを図るため
充実した**合宿練習の機会**を持つ

合宿は、集中して練習し、効果を上げることができるまたとないチャンス。特に日頃まとまった練習時間の取りにくい社会人の団体では、団の重要なイベントとして位置付けられていることも多いようです。合宿を通じて、演奏に必要な連帯感も高めていきましょう。

コツ 1　事前にしっかり計画を立て メンバーのスケジュールを確保しておく

　日頃より長く練習できるからといって無計画に練習していては、せっかくの合宿も効果が半減してしまいます。合宿担当のメンバーを中心に、下のような内容

合宿実施までの流れと検討事項

1. 実行委員を決める
2. 場所と予算を決める
3. 実施の時期と日程を決める
4. 合宿を通じての目標を立てる
5. メンバーの参加予定をもとに 練習計画を立てる
6. 練習以外の予定や行事を決める

をベースに合宿中のスケジュールを立てるようにしましょう。

　合宿は、多くのメンバーが参加するほど充実した練習ができるものです。①**なるべく早く日程を決める** ②**事前にスケジュールを確保してもらう** ③**途中参加者や早退者がいる場合は、具体的な参加予定を確認しておく**　などメンバーの動きを把握した上で、練習内容や合宿の目標については、指揮者に相談しながら決めていくといいでしょう。

ワンポイントアドバイス

　合宿の最大の目的は、集中して長時間練習することですが、それと同じくらい大切なのが食事の時間やレクリエーションの時間。語り合いを通じてお互いの価値観や考え方を共有し、音楽表現の幅を広げていきましょう。

コツ 2 合奏練習だけでなくひとりひとりが
レベルアップできる練習を工夫する

　合宿中の練習計画は、①個人練習⇒
パート練習⇒セクション練習⇒合奏とい
う積み上げ型の計画にする ②合宿最終
日の最後の合奏で最大の成果が得られ
るように逆算する　のが基本。日頃な
かなか取り組めない練習の時間配分を
多めにすると、内容を充実させることが
できます。ただし、あまり欲張りすぎな
いことも大切。休憩時間や自由時間も
考慮しましょう。食事の準備や打楽器
の移動など、練習以外に必要なことは

順番に担当を決め、誰がいつやるのか
を明確にしておきます。**最後に掃除の時
間を必ず設けて、来た時と同じ状態に
戻してから帰るようにしましょう。**

コツ 3 日頃話す機会の少ないメンバーと
積極的にコミュニケーションを深める

　多くの仲間が一緒に過ごす時間が長
くなることで、同じパートのメンバーだ
けでなく、日頃はあまり話したことのな
い仲間とも交流を深めることができるの
が合宿の利点です。**ブラスバンドは、あ
る意味でスポーツ以上に連帯意識が必
要な芸術です。数十人が気持ちをひと
つにして音楽を作り上げていくために
は、お互いに対する信頼関係を築いて
いくことが何よりも大切なので、自分か
ら積極的に話しかけてみましょう。**音楽

和気藹々

の話だけでなく、これからの活動につい
て、将来の夢について…など、時間の
許す限り大いに語り合って、たくさんの
思い出を作りましょう。

これだけは覚えよう！

- 効率的に練習するため事前に計画を立てる
- レベルアップするための練習内容を工夫する
- メンバー同士の交流をさらに深める

次回につなげるために後片付けをしたあとは練習内容を反省する

合奏は毎回やりっぱなしにするのではなく、その日できたこととできなかったことを記憶が新しいうちに反省することが大切です。お互いのコミュニケーションを深めるうえでも大切なので、時間が許す時は合奏後に復習のための練習時間を作るようにしましょう。

コツ1 後片付けは自分の楽器→椅子や机などの順で落ち着いて進める

合奏が終わったら、①まず自分の楽器を手入れして片付ける ②全員で練習に使った場所の椅子や机などを練習前の状態に戻す ようにしましょう。合奏はどうしても会場使用時間ギリギリまで押してしまうことが多いのですが、それを気にしながらあわてて楽器を片付けようとすると、ぶつけたり倒してしまったりする原因になります。**楽器を片付ける時はくれぐれもあせらないようにしましょう。** 慣れてくれば、だんだん早く片付けられるようになります。

ワンポイントアドバイス

合奏の最後には、今後の予定やメンバー全体への連絡事項を忘れないこと。次回の合奏の目標などを明確にしておくことで、それまでに個人で何を練習しておいたらいいか、ひとりひとりが確認することができます。

コツ 2　記憶が新しいうちに注意事項を譜面に書き込み、次回までに解決する

　合奏中に「なるほど！」と思ったことでも、時間が経つと意外にすぐ忘れてしまうものです。次回の合奏までに、①**記憶を定着させるためにも、注意事項はきちんとパート譜に書き込む ②合奏後の個人練習ではその部分を中心に練習する ③その他できなかった部分や、パート内で合わなかったところをピックアップして練習する**　ことで次回の合奏に備えるようにしましょう。合奏を録音しているのであればそれを聴いたり、お

手本となるデモCDをもう一度聴き直して、「次はこうしてみよう」という自分なりのイメージを持つことも、上達への大切なステップです。

コツ 3　お互いに感想を言い合うことで次回の合奏の課題を明らかにしておく

　合奏後、すぐに復習のための練習ができると理想的ですが、そうでない場合は、**今日の合奏について良かったことや悪かったことをパートのメンバーや指揮者などと意見交換しましょう**。これは次の合奏につながるとても大切なステップになります。大切なのは、**悪かったことだけでなく、良かったこともきちんと伝えること**。自分では自信がなかった部分も、他のメンバーから評価されることでやる気につながります。後片付けをしな

がら、その日に合奏した曲をみんなで口ずさんでみるのもいいでしょう。自然にみんなが同調して最後に曲ができあがれば、この日の合奏は大成功といえるでしょう。

これだけは覚えよう！

- すばやく楽器の手入れと後片付けをする
- 記憶が新しいうちに注意事項を復習する
- その日の練習について意見や感想をいう

演奏に必要な緊張と脱力

「上手に演奏しよう」と思うと、初心者ほど余計な力が入ってしまうもの。初心者のうちは、その緊張が演奏する時の力みにつながってしまうこともしばしばです。余計なところに力が入らないよう、脱力を心がけることはとても大切ですが、演奏に必要な力まで抜いてしまわないようにしましょう。

大切なのは、顔、口の中、のどのまわりなどに適度な緊張感を保つこと。プロは膨大な練習量を経て全く力を入れていない感覚を身につけているものですが、初心者がいきなり力を抜い

てしまうと、それまで出ていた高い音が出なくなってしまったり、速いタンギングや跳躍ができなくなったりすることがあるので気をつけましょう。そんな時はこれまで通りの奏法で演奏し、力を抜くことを考えるのはもう少し上達してからにするようにしましょう。その時は脱力の感覚がつかめなくても、少しずつ気長に取り組んでいくようにしましょう。最終的にはプロ同様、全く力を使っていないような感覚で吹けるようになることを目指して練習を続けましょう。

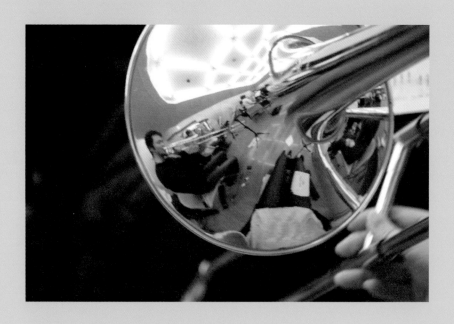

第3章

もっと上達する
演奏技術向上のポイント

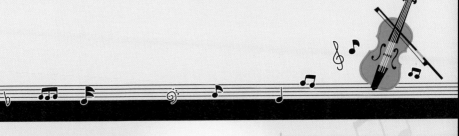

日頃の練習は、自分の演奏技術を
いかに向上させていくかがポイントになります。
ロングトーンやタンギング、スムーズな指使いなどの
基本的な練習をおろそかにせず、
技術が向上していくように工夫を重ねながら練習に励みましょう。

ポイント **29**　レベル ★

ロングトーンが美しく吹けるように
圧迫感で音をキープする

管楽器の練習はロングトーンに始まり、ロングトーンに終わるといっていいほど。ロングトーンが無理なく美しい音で吹けるようになると、演奏技術もさらにアップします。のどや母音で圧迫感を意識して、呼吸をコントロールしながら練習しましょう。

コツ 1　まずは単音のロングトーンで のどの圧迫感をキープする

ロングトーンの基本は、音を伸ばしている間にのどの圧迫感や声のトーンをできるだけ変えないこと。そのためには、①意識して最後まで圧迫感を残す ②最後に向かって少し圧迫感を増すような感じで練習する ③自分で意識しなくても腹筋を使えているかを確認する　の3つを常に心がけましょう。特に初心者は息がなくなってくると圧迫感が落ちてしまうことが多いので、②の練習が効果的です。また、誰でも音を切る時は圧迫感がなくなってしまいがち。最後まで我慢して途切れないようにしましょう。

**ロングトーンの
チェックポイント**

①圧迫感を
残しながら…

ワンポイントアドバイス

実際に楽器を持つと、体はどうしても勝手に呼吸器を使いたくなってしまうもの。いつも圧迫感を与えながら、声で歌うような吹き方を意識しましょう。特に抵抗の少ない低音楽器やフルートは要注意です。

コツ 2　いつも同じトーンで吹くには呼吸器と連動しないこと

　ロングトーンが呼吸器と連動しないためには、①単音「Tu」だけで発音 ②複数の音で発音 ③いろいろなパターンで練習 の3段階で練習します。③は応用練習なので、まず①②をしっかりマスターしましょう。呼吸器と連動すると、音の芯がなくなり、不安定になってしまいます。タンギング「Tu」の「T」の発音や、音が変わる時に連動しないように練習しましょう。

> 練習 1 単音で「T」と同時に「u」を内緒話の声に
>
> ♩ —————
> Tu —————
>
> ❶「T」を強く発音しすぎると、呼吸器と連動しやすいので注意
> 「u」の声は歌を歌うように
>
> 練習 2 複数の音で発音
> ❶ 上行形では呼吸器を使いたくなり、下行形ではのどの圧迫ではなく普通の呼吸になりがちなので注意
>
> 練習 3 いろいろなパターンで練習
> 2音の跳躍の幅を徐々に広げる／音階／分散和音　など

コツ 3　大きな音ほど呼吸器で頑張らずいつも冷静に吹くようにする

　ひとりで練習している時は呼吸器を使わないよう集中することができますが、呼吸器で頑張ってしまいがちな落とし穴は①合奏練習 ②譜面に強弱記号（f、ff等）がある ③譜面に強弱の変化記号（＜＞）がある の3つ。特に②で「fだから大きな音で思いきり吹こう！」と思いすぎないようにしましょう。初心者は、まわりで大きな音が聴こえると、つられてつい呼吸器で頑張ってしまいがち。せっかく個人練習でつかみかけている正しい奏法をくずしてしまう原因にも

なりかねないので、**いつも呼吸器を使わない冷静な演奏を心がけましょう。**

これだけは覚えよう！

▶ のどの圧迫感や声のトーンを変えない

▶ 発音と呼吸器を連動させない

▶ 大きな音で呼吸器に頼って吹かない

説得力のある演奏をするために 聴かせどころで微妙にテンポを変える

楽器の扱いに慣れてきたら、フレーズを意識し、音楽を自然な流れで演奏することを目指しましょう。常に同じテンポで吹くのではなく、フレーズの流れを理解し、聴かせどころで少しだけテンポを変化させるのが説得力のある演奏をするためのポイントです。

コツ 1 インテンポの範囲内で微妙に変化させる アゴーギクのパターンを覚える

指定されたテンポの通りに一定の速度で演奏することを 「**インテンポ**(in tempo)」と呼びます。これに対して、**リタルダンド**(ritardando、だんだん遅く)、**アッチェレランド**(accelerando、だんだん速く)などの指定がないところで曲想に応じてテンポを動かすことを「**アゴー**

ギク(Agogik)」といいます。アゴーギクは、①**インテンポの範囲内で行う** ②**フレーズの頂点を中心に行う**　のが基本。指定されたテンポをキープしつつ、フレーズの頂点を中心として前後をどのように演奏するかによって、いくつかのパターンがあります。

コツ 2 音量の変化と連動させて 急に弱くなるところで少し間をあける

f から急に p になる(**スビトピアノ**、subito p)時には、p になる直前にほんの少しだけ間をあけることがあります。**これも一種のアゴーギクです。**このパターンは、**速い曲遅い曲どちらにも効果的**

な演奏方法ですが、何度も同じようにやると単調に聴こえてしまいます。音量記号が大きく変化するところでは、どこで間をあけるのが一番効果的か、いろいろ研究してみましょう。

コツ 3 　ゆっくり始めて頂点まで加速→ フレーズの終わりに向かって減速が基本

　まず最初に譜面をよく見て、**フレーズの頂点がどこなのか**確認しましょう。よく使われるアゴーギクは、①**加速→頂点→減速** ②**頂点の直前をゆっくり**　というパターンです。①でフレーズの終わりに向かって減速していくのは比較的やさしいのですが、自然に加速していく感覚は

なかなかつかみにくいので、不自然に聴こえないよう均等に加速できるように練習しましょう。②はフレーズの頂点が印象的な場合、その直前をゆったり演奏して時間をかけることで、頂点をたっぷり聴かせる方法です。これはテンポの遅い曲では特に効果的なアゴーギクです。

加速→頂点→減速

フレーズの終わりで減速したテンポを受け継いで次のフレーズを始めると、音楽の流れが自然になります。

頂点の直前をたっぷり聴かせる

テンポの遅い曲をゆったり歌って聴かせるためには、アゴーギクは必須のテクニックです。

ワンポイントアドバイス

アゴーギクには一定の決まりはありません。プロの演奏やCDなどをたくさん聴いてパターンを覚えましょう。慣れてくると、フレーズの流れを見ただけで、どうアゴーギクするかのイメージがわいてくるようになります。

これだけは覚えよう！

■ **インテンポの範囲内でテンポを揺らす**

■ **fから急にpになる時は少しだけ間をあける**

■ **フレーズの頂点を中心に変化をつける**

ポイント 31 **レベル ★★**

印象に残る演奏をするために
曲の最後をきちんと締めくくる

演奏では最初から聴く人を引き込むことが大切ですが、曲の最後をきちんと締めくくって余韻を残すことも大切です。特に高い音や弱い音をきれいな音で止めると、とても印象的に聴こえます。母音の使い方を覚えて、最後まで気を抜かずに音色に集中しましょう。

 コツ 1 **音を止める時は母音の「u」＋「n」の「un」をしっかり発音する**

発音　のばす　はっきり止める！

Tu ——— un

ロングトーンで「Tu」と発音して「u」で伸ばすのは前に練習しましたが、音を止める時には「u」のまま止めるので

はなく、子音の「n」をつけて「un」と止めましょう。①止める場所を意識するために「un」とはっきり強く入れる②4拍子で「1234」とカウントしながら4拍音を伸ばし、次の小節の「1」のところで「un」と入れて音を止める③止めるタイミングがわかってきたら、「un」が強くならずに自然に止めるの順で練習するのがポイントです。高い音や出しにくい音など、どんな音域でもできるように練習しましょう。

 **ワンポイントアドバイス**

音色や音程が不安定になるまでdim.するのは逆効果。合奏の時に自分はdim.がうまくできないと感じたら、だんだん小さくするのはまわりにまかせて、最初から自分なりのppで伸ばして止めた方が美しい場合もあります。

コツ 2　自分の音をよく聴き 止める場所とタイミングをはっきり意識する

　音を止めるのは簡単なようでいて、実はとても難しい技術のひとつ。ポイントは、

× **譜面に音符がなくなったから何となく止める**　のではなく、

○ **止めるところを決めて「ここで止める!」とはっきり意識する**

というイメージを持つことです。音が出るところだけでなく、いつも自分の音を最後まで良く聴き、止めるポイントとタイミングに気を配るようにしましょう。

コツ 3　小さい音を止める時は 弱くできる音の限界でキープしてから止める

　音を止める技術で難しいのは、曲の終わりなどで小さく長く伸ばした音を止める時。特に**ディミヌエンド**（diminuendoまたはdim.、だんだん小さく）や**モレンド**（morendo、だんだん遅く消えるように）の時は要注意です。この場合の止め方は、以下の順序で練習してみましょう。①これ以上小さくすると音が途切れたり、音程が不安定になるギリギリのppで音をまっすぐに長く伸ばし、「un」で止める練習をする ②もう少し大きな音から徐々にdim.して、①のppまで落ちたらその音量でまっすぐに伸ばして音を止める

　それではdim.にならない！　と感じるかも知れませんが、心配は無用。小さな音でまっすぐにのばしていると、聴いている人にはきちんとdim.に聴こえます。

曲の終わりの音の伸ばし方のイメージ

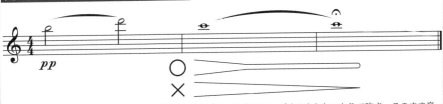

最後まで均等に小さくしていくのではなく、小さくなった音をキープするようなつもりで吹き、そのまま音を止めましょう。

これだけは覚えよう!

■ 音を止める時の発音は「u」ではなく「un」

■ 止める場所を自分できちんと意識する

■ 小さい音で止める練習をする

難しい指まわりをこなすために 練習のパターンをいくつか覚えておく

　呼吸法や音程と並んで、楽器の練習に必ずついてまわるのが指まわり（フィンガリング）です。吹奏楽やアンサンブルでは、とても難しいフィンガリングが出てくることも少なくないので、克服するための練習のパターンをいくつか覚えておきましょう。

コツ 1　メトロノームを駆使して ゆっくり→**速く**とだんだんテンポを上げる

　フィンガリング練習は、①確実にできるゆっくりのテンポで練習する ②できるようになってから少しずつテンポを上げる ③指定のテンポで演奏できるようにする以外の近道はありません。この時、ただ単に指をスムーズに動かすことだけでなく、声のコントロールを意識したり、フレーズの方向性などを意識しながら練習するとさらに効果的です。

　練習する時はいつもメトロノームを使い、徐々にテンポを上げていくようにしましょう。**速いテンポで間違えながら練習するのは逆効果**なので、できない時には一段階遅いテンポに戻しましょう。

ワンポイントアドバイス

　フィンガリング練習は、「難しくてできそうにない…」と思っても諦めずにやり遂げることが大切。一度練習方法を身につけると、次に同じようなパターンが出てきた時には、前の半分の時間でできるようになります。

コツ 2 譜面通りのリズムではなく 付点のリズムに変えて練習する

　特定の場所で指がもつれたり、リズムがころんでしまったりしないためには、付点のリズムで練習するのが効果的です。これも最初はメトロノームを使い確実にできるゆっくりしたテンポから練習することが大切です。

　この練習は簡単なところでもやっておくと、速くなってもリズムがすべったりしないで正確に演奏できるようになります。曲を仕上げる段階で、一度は曲全体を通して付点で練習する習慣を身につけるようにしましょう。

原曲のリズム

付点の練習パターン① まずは付点のリズムで練習しましょう。

付点の練習パターン② できるようになったら逆付点のリズムでも練習しましょう。

これだけは覚えよう！

- メトロノームを使いだんだん速くする
- 付点のリズムに変えて練習する
- 付点以外のリズムパターンで練習する
- 苦手な指使い克服の究極の方法を試してみる

コツ 3 付点以外にもリズムを変えて いろいろなパターンで練習する

　次の練習もリズムパターンを変える方法ですが、以下の譜例のようなさまざまなリズムで練習します。2拍子系（2連4連符系）と3拍子系（3連符系）のパターンがあるので、曲の拍子に合わせて応用しましょう。

2拍子系の練習パターン　最初はゆっくり、できるようになったらだんだん速くします。

3拍子系の練習パターン　3拍子系も同様の方法で練習しましょう。

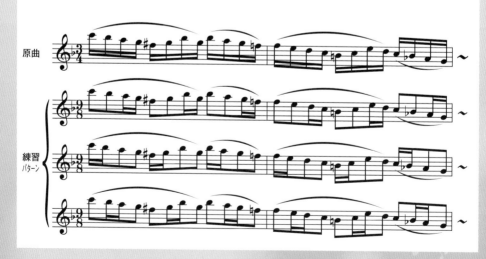

第3章　もっと上達する演奏技術向上のポイント

コツ 4 動きにくい指や苦手な指をなくし どんな指使いもスムーズにできるようにする

これまで紹介したリズムパターンの練習でもなかなかうまくできない時は、以下のような方法で練習しましょう。

1. 譜例①のように、原曲の始めの3つの音に123と仮に番号をふる　2. その3つの音を、練習パターン①-A、①-Bのパターンで繰り返し練習する　3. 番号をひとつずらし、同様に②-A、②-Bのパターンで練習する　4. 次の3つの音で同様に練習する

この練習では、どこかで必ずやりにくいフィンガリングが出てくるので、それを徹底的に繰り返しましょう。とても根気のいる練習ですが、大きな効果が期待できるので、時間のある時に一度はチャレンジしてみましょう。

譜例① 原曲

① 1　2　3
② 1　2　3
③ 1　2　3　…と1つずつずらして3つの音をピックアップ

練習パターン①　①の3つの音で以下のように練習します。

①-A　1　2　1　2　3　2　1　2　1　2　3　2

①-B　1　2　3　2　3　2　1　2　3　2　3　2

練習パターン②　②の3つの音で以下のように練習します。

②-A　1　2　1　2　3　2　1　2　1　2　3　2

②-B　1　2　3　2　3　2　1　2　3　2　3　2

タンギングの種類や
使い分けを覚える

　基本の「Tu」のタンギング（シングルタンギング）ができるようになったら、「TuKu」と発音するダブルタンギングを練習しましょう。ダブルタンギングを練習することで、母音の発音や舌の位置、口の中の状態などを正しく保つことができます。

コツ 1　タンギングの子音は「Tu」だけでなくいろいろ使い分ける

Tu 〜〜〜〜

Du 〜〜〜〜

Ru 〜〜〜〜

　ポイント4で紹介したように、タンギングの基本は **①内緒話の声を使う ②あくまでも母音が主役**　が基本です。アクセントやスフォルツァンドなどもタンギングの強さだけで吹くと音色が美しくないので、**母音を使って表現する**ようにしましょう。

　また子音のイメージは、**曲のイメージで使い分ける**ことも大切です。「Tu」だけでなく、「Du」「Ru」など、いろいろ工夫してみましょう。

ワンポイントアドバイス

　ダブルタンギングは口の中の状態が正しくキープできていないと、ロングトーンに戻った時に音色や発音が変わってしまいます。タンギングは呼吸器に頼っていてもうまくできないので、もう一度吹き方を確認しましょう。

コツ 2　ダブルタンギングは「K」を意識し「u」をはっきり発音する

基本のシングルタンギング「Tu」は、いつも練習していないとすぐに遅くなってしまいます。**楽器を持たなくてもできるので、日頃から早口のように「TuTuTuTu…」と練習しておきましょう。**「Tu」のシングルタンギングに対して、連続して「TuKuTuKu…」と発音するのがダブルタンギングです。練習する時は **①「TuKuTuKu」の「K」を意識する ②「u」の発音をなるべくはっきり発音するように心がける** ことが練習のポイントです。

また、呼吸器から息を出し、適切な量よりも息が多くなってしまうと空振り気味になってしまうので気をつけましょう。ロングトーンを呼吸器に頼って吹いていると、ダブルタンギングで音が細くなったり、発音しにくくなったりするので、ダブルタンギングの練習をしながらそれも直していくようにしましょう。

ダブルタンギングの種類

シングルタンギング	Tu
シングルの連続	TuTuTu…
ダブルタンギング	TuKuTuKu…

コツ 3　ダブルタンギングができているかはロングトーンを併用しながら確認する

ダブルタンギングが正しくできているかをチェックするためには、下の譜例のように同じ音でダブルタンギングからロングトーンに移行してみるのも有効な練習法です。この時、**①ロングトーンがダブルタンギングの時より音程が低くなる ②音の輪郭がぼやける** などが起きていないか注意しましょう。これは**ロングトーンの時母音がゆるみ過ぎていたり、呼吸器を使って息を必要以上に出そうとしているのが原因です。**もう一度ダブルタンギングの時の音の質や口の中の状態をチェックして、ロングトーンでも同じように吹く練習をしましょう。

ダブルタンギング→ロングトーンの練習

これだけは覚えよう！

- **タンギングの子音のイメージを使い分ける**
- **ダブルタンギングのコツを覚える**
- **ロングトーンで息の使い方を再チェックする**

合奏時の課題を解決するために
練習の録音・録画を積極的に活用する

　練習中は自分の楽器を吹くことについつい夢中になってしまうので、自分の演奏がパート内や合奏の中でどのように聴こえているのかなかなかわからないものです。練習を録音・録画して、客観的に聴き直して課題を見つけ、次の練習までに克服する努力をしましょう。

コツ **1**　すべてを記録するのではなく
　　　練習の節目で効果的に使うようにする

　本来なら個人、パート、セクション、合奏のすべての練習を記録してその都度聴き直すのが理想ですが、時間や機材の関係でそれは不可能。重要な練習の時や曲を通して練習する時などを中心に記録するようにしましょう。**①合奏の時は、あらかじめ指揮者に録音・録画することを伝えておく ②なるべく指揮者の位置に近いところに機材を置くようにする** のがポイント。指揮者に聴こえているのと近いバランスで録ることができるので、現状の仕上がりがよくわかります。メンバーで共有できるサイトがあれば、そこにアップして自由に聴けるようにするのも効果的でしょう。

ワンポイントアドバイス

　本番会場などで録音する場合、ホール内にある3点吊りマイクでは前列の高音は非常に録音に大きく録られる傾向があります。ホールの機材を使用せずに自前の録音機材を持ち込むなど、いろいろ工夫してみましょう。

コツ 2 合奏全体の仕上がりだけでなく 自分の演奏も忘れずにチェックする

録音・録画を聴くと、練習の時は「うまく吹けた！」と思っていても、練習時には気づかなかった音程やリズムのズレなどがたくさん見つかり、「こんなに吹けていなかったのか…」とガッカリしてしまうことがあります。しかしそれを発見するのが記録の目的なので、**自分の欠点を客観的に見つめ直して、個人で練習する時も『録音を聴く⇒練習⇒再度録音し聴く⇒練習』を繰り返し、根**気強く練習するようにしましょう。何度も録音をチェックしていると、自分の演奏上の傾向やクセがしだいにわかってきます。それを頭に入れながら練習すると、曲を早く仕上げることができます。

コツ 3 複数のメンバーで録音を聴き 本番までの目標や課題を確認する

録音は帰宅してから自分ひとりで聴くのもひとつの方法ですが、可能であれば**①練習後にみんなでパート譜やスコアを見ながら聴く ②それぞれが感想や意見を言い合う時間を設ける** ことが大切です。録音は実際の演奏よりもヘタに聴こえる場合があります。また、マイクに近い楽器や、低音よりも高音の方が大きく聴こえる傾向があるので、自分の間違いや音量が目立ったとしてもあまり気にしないようにしましょう。それよりも

全体として演奏がどのような方向に向かっているのか確認し、克服すべき課題は何か、メンバー全員で問題点を共有することが大切です。

これだけは覚えよう！
- 練習内容によりポイントを絞って録音する
- 客観的に聴き直し自分の演奏を確認する
- 複数のメンバーで聴き意見を交換する

曲を早く仕上げるために
初見演奏に強くなる

　曲を早く仕上げるためには、譜面からなるべく早く多くの情報を読み取る能力が不可欠です。そのために必要なのが初見（初めて見た譜面をすぐに演奏すること）に強くなること。回数をこなして慣れることで確実に強くなるので、ぜひチャレンジしましょう。

コツ 1　まず簡単な譜面からトライして
　　　間違いを恐れずにどんどん吹いてみる

　初見は初心者だけでなく、経験者でも慣れないとなかなかできないものです。「自分は初見が苦手だ」と思い込んでいる人も多いようですが、上達すればするほど初見能力が求められるようになるので、早めに苦手意識を克服しておくようにしましょう。

　初見力は、初見の曲をこなした数に直結します。まずは教則本や練習曲など、**簡単なものをかたっぱしから初見で吹く練習をしましょう**。この時大切なのは、**ゆっくりのテンポでもいいので間違えても止まらないこと**。慣れてきたら、音符だけでなく強弱やアーティキュレーションにも気を配りましょう。

ワンポイントアドバイス

　初見でアンサンブルをしている状態は、本番で緊張してあわてている状態にとても近いもの。つまり初見に強くなることは、本番にも強くなることを意味します。バンドの曲決めの時に全員で初見演奏してみるのもいいでしょう。

コツ 2　上手なメンバーにお願いして 積極的にアンサンブルをする

初見でアンサンブルをすると、初見能力が飛躍的にアップします。できれば**自分よりも上手な人と演奏して、初見能力だけでなく奏法なども学びましょう。**アンサンブルは自分が間違えたからといって勝手に止まることができません。最初はあわてるかもしれませんが、それが勉強になるのです。**間違えてもひるまないで、周囲の音楽に乗ってついていくようにしましょう。**流れている音楽と同時進行で音符やリズム、強弱やアーティキュ

レーションを確認しつつ、他のパートを聴くという練習を繰り返すことで集中力と応用力が磨かれ、本番の時に非常に役立ちます。

コツ 3　譜面だけにかじりつかずに 初見でもなるべくまわりの音を聴く

プロとアマチュアの違いというのは演奏技術の高さももちろんですが、目の前の譜面を演奏している自分以外に、常に周囲の音を聴いている自分、指揮者を見ている自分…など、客観的な2人目3人目の自分のアンテナが優れていることでもあります。この「周囲の気配を感じるアンテナ」を研ぎすますことを意識するようにしましょう。大切なのは、①**なるべく譜面にかじりつかない** ②**楽器を演奏している自分以外を感じようと常**

に気をつけている　の2点です。続けていると、しだいにアンテナが磨かれてくるでしょう。その結果、楽器を演奏すること自体に余裕が生まれ、周囲とも合いやすくなります。

これだけは覚えよう！

- まず簡単な譜面を止まらずに吹いてみる
- 上手な仲間を見つけて積極的にアンサンブルする
- 譜面だけにかじりつかずまわりの音を聴く

演奏できるレパートリーを増やすため いろいろな**演奏を幅広く聴く**

楽器の上達には技術的な練習を根気良く続けることが欠かせませんが、それと同じくらい多くの演奏を聴くことが大切です。先輩、先生、演奏会、CDやDVDなどで積極的にいろいろな演奏に触れるようにしましょう。吹奏楽以外の音楽を聴いてみるのも勉強になります。

コツ 1　先輩などに相談しながら 演奏できそうな曲の CD を聴いてみる

自分が今練習している吹奏楽の曲のデモCDは聴いていても、自分の吹いている楽器のソロ演奏のCDは意外に聴いていないものです。耳を鍛え、ステップアップするためにもぜひ聴いてみるようにしましょう。何を選んでいいかわからない場合は、①先輩や先生に聞いてみる ②1曲の演奏時間が短く自分でも演奏できそうな小品集のようなものを選ぶのがコツ。そうすると最後まで飽きずに聴くことができます。その中に「これなら自分でも演奏できるかも…?」と思える曲が見つかると、また新たな目標を持って練習に取り組むことができます。

ワンポイントアドバイス

さまざまなジャンルの演奏を幅広く聴くことで、いろいろな音楽の表現方法を知ることができます。それは自分が演奏する時のヒントにもつながるので、アイディアの引き出しをたくさん作っておきましょう。

コツ 2 　好きな演奏を紹介するなど 仲間と情報交換して聴く幅を広げる

　いろいろなCDを聴き比べるようになると、だんだん自分のお気に入りの演奏や演奏家にめぐり合えるようになります。そんな時は「この演奏がよかったよ!」と仲間と情報交換しましょう。**同じパートのメンバーと、「この演奏家のこういうところが好き!」と語り合うことも、自分と同じ聴き方、違った聴き方に触れるいい勉強になります。**日頃からいろいろな音楽を聴いている人はそのような知識も豊富なので、教わりながら他の楽器の

CDや、アンサンブルのCDなど、意識して積極的に聴くジャンルの幅を広げていくようにしましょう。

コツ 3 　コンサートなどで生の演奏に触れ 上手な演奏をまねる努力をする

　素晴らしい演奏は何度聴いてもうっとりするものですが、同じ人間が演奏しているのですから、積極的にまねをして憧れの演奏に近づく努力をしましょう。ひとつの音、ひとつのフレーズだけでもまねてみることで、自分の演奏をステップアップするためのヒントが得られます。演奏会で生の演奏に触れる場合は、音だけでなく技術的な面もよく見るために、できるだけ前の方の席で聴くのがおすすめ。ポイントは、**①口のまわりの筋**

肉の使い方 ②アンブシュア ③ブレスのしかた　などをよく見ること。一流の技を見て盗むようなつもりで、じっくり観察してみましょう。

これだけは覚えよう!

- 自分の実力で演奏できそうな曲を聴く
- 仲間と情報交換して聴く演奏の幅を広げる
- 上手な演奏をまねて吹いてみる

自分の実力をアップするために
専門家のレッスンを受けてみる

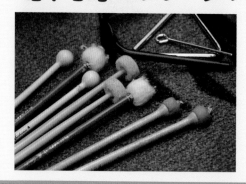

ひとりで練習していて行き詰まりを感じた時には、思い切って専門家のレッスンを受けてみるのもひとつの方法です。先輩など身近な人に紹介してもらうのが理想ですが、そうでない場合でもインターネット等で調べたりして、自分と相性の良い先生を探しましょう。

コツ 1　先生探しにはじっくり時間をかけ なるべく自分と相性の良い先生を選ぶ

知らない先生のところにいきなりレッスンに行くのは勇気がいるものです。①**レッスンについている先輩や知り合いがいれば、レッスン内容や謝礼の額について**聴いてみる ②**同じ先生に師事したいと思ったら先生を紹介してもらい、できれば初回は一緒に行ってもらう**　と安心でしょう。それ以外の方法で先生を探す場合は、インターネット等の情報も活用しましょう。週一度など、**なるべくたくさんレッスンに行きたいと考えているなら、自宅近くか通勤・通学途中の場所を選ぶことも大切です。**左のようなポイントを考慮しながら、自分に合った先生を探しましょう。

先生を選ぶ際のポイント

- ☐ 自分の志向に合っている(初心者やアマチュアに対して理解がある)
- ☐ 人間的な魅力がある
- ☐ 欠点をきちんと指摘し、どうすれば良くなるかをレベルに合わせて指導してくれる
- ☐ たくさんお手本を吹いてくれる
- ☐ 先生自身が向上心にあふれている

ワンポイントアドバイス

レッスンに通って上達しなかった人はいません。最近は無料で見学できたり、体験レッスンを受けられるところも多いので、まずは足を運んでみましょう。自分に合った通いやすい場所を選ぶことがポイントです。

コツ 2　レッスン時間の長さよりも 自分の音をじっくり聴いてもらうことを優先

レッスンには、個人レッスンとグループレッスンがありますが、可能であれば自分の音を1対1でしっかり聴いてもらえる個人レッスンを選ぶようにしましょう。最初のうちは緊張するかも知れませんが、1回のレッスン時間が多少短くても、マンツーマンで学べるのでとても有意義です。先生の音を近くで聴くと圧倒されますが、いつも身近で良い音に触れ、見よう見まねで続けることが上達の近道なので、諦めずに一生懸命ついて

いくようにしましょう。奏法だけでなく曲の解釈、替え指など、専門家ならではの知識も学ぶことができます。

コツ 3　先生に対する感謝の気持ちを忘れず 良好な師弟関係を築く努力をする

一度「この先生に師事する」と決めたら、なるべく長くレッスンを続けて、先生と良好な人間関係を作っていくようにしましょう。①レッスンの時間に遅れない ②最初と最後にちゃんとあいさつする など基本的なマナーを忘れないことも大切です。指導力のある良い先生ほど、レッスンを離れると人間的な魅力にあふれているもの。先生の演奏会に足を運んだり、他のレッスン生と交流を深めたりして長くおつき合いを続けていき

ましょう。**良い先生に巡り合えると、音楽人生はさらに充実します。レッスンを通じて、自分自身を成長させていきましょう。**

これだけは覚えよう！

- ◤ 周囲に相談し自分と相性の良い先生を選ぶ
- ◤ なるべくマンツーマンでレッスンを受ける
- ◤ 先生と良好な師弟関係を築く努力をする

打楽器のチューニング

打楽器は「たたけば誰でも音が出る」ので、初心者でもできる簡単な楽器と思われがちです。確かに最初の敷居は低いのですが、それだけに良い音を出すのはなかなか難しく、打楽器の音色ひとつで合奏全体の印象を大きく左右してしまいます。また、美しい音色で演奏するためにも、どの楽器よりもチューニングが難しく、重要になります。

ティンパニやバスドラムなど皮を張る楽器は、正しくチューニングができていないと同じ音程でまっすぐ音が伸びません。また、皮が張り過ぎたりたるんだりしていると響きがなくなってしまうので気をつけましょう。チューニングする時にはチューナーを使う必要が

ありますが、これらの楽器は倍音が多いので、できれば低音域まで音を拾えるチューナーを使うようにしましょう。特にバスドラムは、打面と裏面のチューニングのバランスで音の伸びや音程が大きく変わります。好みの音程や音色になるようにしっかりチューニングして、バランスのよい時の表と裏の音程（または音程差）をメモしておくと良いでしょう。

打楽器も管楽器と同様に、汚れると音色が悪くなってしまいます。特に金属製の楽器や鍵盤はさびないよう、使い終わったらほこりや指紋を必ず拭き取っておきましょう。移動の際は、傷をつけないよう気をつけましょう。

第4章

本番で成功するポイント

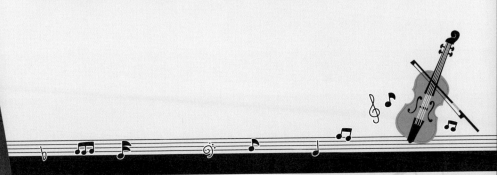

舞台でさっそうと演奏して、日頃の練習の成果を出し切りましょう。
また、本番は、日頃の練習では得られない
さまざまな経験が積める絶好のチャンスです。
バンド全体で一体感のある演奏を目指しましょう。

本番で必要以上に緊張しないために
舞台上の行動をイメージトレーニングする

本番のステージは日頃の練習の成果を思う存分発揮することができる最高の晴れ舞台。お客さまにもかっこいい姿を見てもらいたいのはやまやまですが、そう思いすぎると必要以上に緊張してしまいます。演奏会までの精神状態を上手にコントロールしましょう。

コツ 1　舞台への入場から演奏まで 本番直前の行動をシミュレーションする

演奏会が近づいてくると、いくら「気にしないようにしよう」と思っていてもそのことが気になり、気持ちが落ち着かなくなってくるものです。そんな時は本

①舞台で所定の席に座る
　↓
②譜面とマウスピースを確認する
　↓
③リードを調整してチューニング
　↓
④指揮者が入場して曲が始まる
　↓
⑤自分がワンフレーズ吹き終える

番の様子をなるべく細かくシミュレーションしてみましょう。直前の舞台裏から順番に、できるだけリアルに映像を思い浮かべるのがポイント。①**舞台で所定の席に座る**→ ②**譜面とマウスピースを確認する**→ ③**リードを調整してチューニング**→ ④**指揮者が入場して曲が始まる**→ ⑤**自分がワンフレーズ吹き終える**

までを克明に思い浮かべておくと、実際の舞台上でも平常心に近い状態で演奏できます。

ワンポイントアドバイス

どんなに練習が行き届いて念入りに準備していても、恐くない本番はないものです。自分やバンドにとって大切な演奏会だと思うほど緊張が高まってくるのは当たり前のことなので、あまり気にしないようにしましょう。

コツ 2 コンディションをキープしながら 練習することで気持ちを落ち着かせる

本番のことが気になってしょうがない時は、テレビを見たり他のことを考えたりして気持ちを紛らわせるよりも、気持ちを落ち着かせるためにいちばん有効なのは、とにかく楽器にさわって練習していることです。**①練習環境が許す限り音を出す ②演奏する曲の譜面を眺める**

など、なるべく音楽に触れているようにしましょう。ただし本番直前にあまり練習しすぎると、これまで維持してきたコンディションをくずしてしまうことにも

なりかねません。

自分は本番で演奏するんだ！　という強い気持ちを本番まで忘れないようにしましょう。

コツ 3 本番前日は緊張で眠れなくても あまり気にせずにしっかり体を休める

本番の前夜は、緊張で寝られないことがあるかも知れません。しかし1日くらい寝られなくても、演奏のパフォーマンスに影響が出るようなことはないので、「いつも通りに寝られる方がどうかしている」くらいの気持ちであまり気にしないようにしましょう。これまで積み重ねてきた練習を信じれば、その成果は存分に発揮できるはずです。眠れなくても焦らずに、**①頭と体を休めるために静かに横になって目を閉じる ②できるだけ**

気持ちをリラックスさせる **③「自分は人前で演奏するために楽器をやっているんだ！」と強く念じる** ようにして、極力リラックスしましょう。

これだけは覚えよう！

▶ 舞台での自分の行動を思い浮かべてみる

▶ 適度に練習することで気持ちを落ち着かせる

▶ 緊張して前の夜に眠れなくても気にしない

納得のいく成績をおさめるために メンバーと**気持ちをひとつ**にする

ブラスバンドにおける最大のイベントは、何といってもコンクール。学生時代に吹奏楽部に所属し、猛練習に励んだ人も少なくないでしょう。コンクールで納得できる成績をおさめるために必要なことを知り、日頃の練習にもいかしていきましょう。

コツ 1　ピッチやアインザッツの基本を もう一度全員で再確認する

バンド全体のピッチやアインザッツ（音の出だし）がきちんと合っていることは、どんな曲を演奏する時でも基本中の基本です。コンクールの演奏でそれが不十分であるということは、できているつもりでいても日頃から徹底されていない可能性がありそうです。

ピッチやアインザッツが乱れる原因は、①ひとりひとりが自分のパートを納得いくまで練習できていない ②合奏に参加する前のパート練習やセクション練習などが徹底されていない　などがあります。まずはパート単位できちんと合わせることを目指し、その精度を合奏の中で上げていくようにしましょう。

ピッチやアインザッツが乱れる原因

①ひとりひとりが自分のパートを納得いくまで練習できていない

②合奏に参加する前のパート練習やセクション練習などが徹底されていない

ワンポイントアドバイス

コンクールでなかなか結果が出ない時は、バンド全体の練習方法を見直してみるのもひとつの方法です。結果だけにこだわらず、コンクール出場はあくまでも上達のためのステップのひとつと考えるようにしましょう。

その曲の演奏を通じて
聴く人に何を伝えたいかを明確にする

ピッチやアインザッツが合い、譜面が正しく演奏できていてもなかなか結果が伴わないのは、その曲を演奏して何を表現したいのかが聴いている人に伝わらず、印象が薄くなってしまうためです。指揮者を中心に、この曲でどういうことを表現したいのか良く考え、それを具体的な演奏につなげていくための努力を惜しまないようにしましょう。①録音を聴き、メンバーで感想を話し合う ②バンドのOBや先輩など、本番までにでき

るだけ多くの人に演奏を客観的に聴いてもらい、率直な感想を聴いてみる　なども有効な方法です。

ブラスバンドの最大の魅力である
アンサンブルとしての一体感を表現する

コンクールでエリア大会や全国大会に進むようなバンドは、基本的なピッチやアインザッツ、演奏表現のレベルが高いことに加えて、**①指揮者がイメージしている音楽をメンバー全員が共有している ②それを全員で一丸となって表現している**　のが大きな特徴です。特定の個人やパートが目立つのではなく、**全員がアンサンブルの重要な構成員であり、その融合体としてひとりで演奏しているような一体感を持っている**ので、聴き手

に与えるインパクトも大きいのです。自分たちが伝えたいことを説得力を持って表現できると、多少のミスがあっても評価は高くなります。

これだけは覚えよう！

- ▶ ピッチやアインザッツの基本を徹底する
- ▶ 表現力を磨き説得力のある演奏を目指す
- ▶ アンサンブルとしての一体感を重視する

演奏に集中できる環境を作る！
裏方メンバーのそれぞれの**役割**

　音楽は、演奏している人だけで成り立っているものではありません。逆にいうと、演奏者が演奏だけに集中することができるのも、裏方のスタッフの力があってこそです。演奏会場にはどんなスタッフがいて、何を担当しているのかも知っておくようにしましょう。

コツ 1 演奏会全体に目を配る総監督が ステージマネージャーの役割

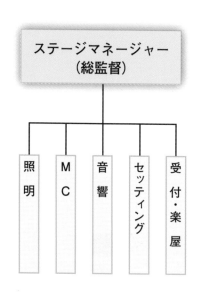

　ステージマネージャー（ステマネ）は、ステージの進行や裏方スタッフの作業をすべて統括し、ホールの技術者などとの窓口となる演奏会の総監督。演奏会の間は、ステージ上及び舞台裏で起こっていることをすべて知っている必要があるため、通常は舞台下手に常時待機しています。必要に応じて、①インカムで照明、MC（アナウンス、進行）などのスタッフに指示を出す ②演奏会を時間通りに進めていく ③情報の管理、判断などを行う　のが主な仕事です。ステマネのマネジメントの良し悪しはコンサートの成功に直結するので、その指示に従ってきびきびと行動するようにしましょう。

コツ2 ポップスステージでは照明スタッフが舞台を華やかに演出

　ポップスを演奏する時などで、ステージの照明を照明室（または舞台袖）で操作するのが照明スタッフです。単なる明暗の調節だけでなく、スポットライトを当てたり、舞台背景の色を変えたり、ホールによって照明で可能なことはいろいろあるので、事前に打ち合わせができるようなら希望を伝えておくようにしましょう。演出の都合で急に舞台が暗くなる場合は、暗い状態で譜面が見えるか

どうか、必ず明るさを確認しましょう。可能であればリハーサルで全曲を通し、その時に本番と同じような照明リハーサルを行い、1曲ずつチェックするのが理想です。

コツ3 その他のスタッフの役割を知りいつも感謝の気持ちを忘れないようにする

　これ以外にも、演奏会を支えるスタッフには以下のようなものがあります。会場ではそれぞれの仕事の邪魔をしないように気をつけて、いつも感謝の気持ちを忘れずに演奏するようにしましょう。

①音響：PAやマイクを使う場合のOn・Offや、全体の音量調整などを担当します。ホールの音響機器を利用して演奏を録音する場合は、事前に可能かどうか相談しましょう。

②MC：コンサート開始前の注意事項や休憩時間を舞台袖の影マイクでアナウ

ンスしたり、コンサート全体の司会進行、曲間のトークなどを担当します。トークで紹介してもらいたいバンドのエピソードなどがあれば、事前に伝えておきましょう。

③セッティング：開演前後の舞台設営と撤収、及び曲間、ステージ間のセッティング変更を担当します。

　その他のスタッフとして、演出（ステマネが兼任することも多い）、受付、楽屋（施錠し鍵を管理する）、お弁当などの係が必要になります。

これだけは覚えよう！

▶ 演奏会を統括するのはステージマネージャー

▶ 照明スタッフは舞台演出の影の主役

▶ 会場のスタッフに感謝の気持ちを忘れない

演奏会全体の運営を知るためにすすんで
演奏以外の役割を経験する

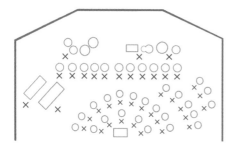

演奏だけでなく、演奏会を支えるスタッフを実際に経験してみると、その後自分が演奏会にのぞむ時にとても参考になります。スムーズに本番を進行するためには時間の目安を書き込んだ進行表と、具体的なセッティングを記入したセッティング表を用意しましょう。

コツ 1 全体の流れが一覧できる進行表で 全員が無駄なく動けるようにする

進行表作成のチェックポイント
☐ 役割分担がわかりやすいようにする
☐ 開演前・本番中・終演後に分け、時系列でするべきことを箇条書きにする
☐ 演奏エキストラやスタッフのお手伝いの方の動きを忘れずに記載する
☐ 開演前にお弁当を一括依頼する場合は、リハーサル終了予定時間よりも前に確実に届くよう調整する
☐ 舞台裏と楽屋割の見取り図を添える

進行表は、演奏会にかかわるすべてのスタッフが、いつ何をしているかを一覧表にまとめたものです。時間内にスムーズに進めていくことは演奏会の成功にとって不可欠なので、左のようなポイントに注意し、全体の流れがひと目でわかるように作りましょう。

ワンポイントアドバイス

セッティングは各パートに1人ずつ責任者を置き、組み終わったら問題がないか確認してもらうのが理想的です。曲間の変更の場合、上手側と下手側で作業を分担すると、短い時間でスムーズに変更することができます。

コツ 2　使いやすいセッティング表を作り それに従って手早く作業を進める

　セッティングは当日演奏会場に来てから考えるのではなく、本番直前の練習時からある程度本番を想定した並びでセッティングし、当日スムーズに組めるようにしておきます。本番当日は、練習会場との差を微調整するくらいでセッティングが決まるのが理想的でしょう。演奏会が2部構成で、前半（オリジナル・クラシックステージ）と後半（ポップスステージ）でセッティングを変更する場合は、右のようなポイントにも注意しましょう。

セッティング変更のチェックポイント

- ☐ 打楽器の移動元、移動先を、色違いのビニール テープなどでマーキングする
- ☐ 同様に、椅子と譜面台もマーキングする
- ☐ 指揮者用の譜面台の場所もマーキングする
- ☐ マイクを利用する場合、マイクやマイクスタンドの位置をマーキングする
- ☐ 椅子の出し入れがある場合には、舞台袖に出し入れするためのスペースを確保しておく

コツ 3　舞台の広さや会場に合わせた 打楽器のセッティングを工夫する

　打楽器は曲によって編成が変わることが多いので、楽器の移動がある場合はリハーサルでそのスペースを確保する必要があります。セッティング時には、①**まず打楽器の位置を決める** ②**センターを確認し、その他の椅子を並べていく**ことが原則です。また、練習時とステージで確保できるスペースが異なる場合は、練習時の楽器の並びを大幅に変えなくてはならないこともあります。特に**曲中で演奏者が移動しなくてはいけない**

> 打楽器との位置を決める
> ↓
> センター（舞台中央）を確認する
> ↓
> センターを基本にイスや譜面台を並べる

時は、移動する楽器をなるべく近くに配置し、移動のための通路を必ず確保するようにしましょう。移動の際も演奏は続いています。常に見られているという意識を持ち、他の楽器にぶつかったりしないように気をつけながら、静かに移動するようにしましょう。

これだけは覚えよう！

- ■ 全体の流れがわかる進行表を作成する
- ■ 使いやすく見やすいセッティング表を作る
- ■ 舞台上の打楽器のセッティングに配慮する

本番演奏であわてないために
直前リハーサルのチェックポイントを知る

演奏会当日は、各団体とも決められた時間内でステージリハーサルをすることができます。練習場とホールとの音響の違いを確認したり、照明や舞台のセッティングなどをチェックして、本番で演奏する時にあわてないよう準備しておきましょう。

コツ 1 日頃の練習会場とは異なる ホールでの響きに慣れておく

　演奏会用のホールは、ステージの上でなく客席に音が届くように設計されています。天井も高く、自分の音だけでなくまわりの音も聴こえにくく感じることもあるでしょう。自分ひとりで演奏しているような気持ちになって不安になるかも知れませんが、普段通りに吹けば必ず合っているので心配は無用です。落ち着いて①音を出しながらだんだん響きに慣れる ②いつも以上にまわりの音を聴く　ことがポイント。聴こえないからといって吹きすぎると本番の演奏に影響するので、多少加減して本番にエネルギーを残しておきましょう。

ワンポイントアドバイス

　ステージリハーサルは、これまで練習してきたことを信じてリラックスしましょう。大きなホールで演奏すると自分の音がとても良く響くので、その響きを楽しみながら思い切り練習の成果を発揮するようにしましょう。

コツ 2 ステージ上でのセッティングと 自分が座る位置を確認しておく

バンドの人数が多くなるほど、椅子や譜面台の数が多くなり、出入りの時に隣や前の人とぶつかってしまいかねません。席についたら、①楽器を構え、まわりにぶつからないかチェックする ②指揮者が見えるかどうか確認する ③見えない場合は見える位置に椅子を移動して再確認する ことを忘れないようにしましょう。曲によってセッティングが変わる場合は、椅子や譜面台の位置を色テープなどでマーキングしておくこと も大切です。特に打楽器の多い曲は、無理なセッティングで本番中に楽器を倒さないよう、演奏中の移動も含めて確認しておきましょう。

コツ 3 演奏中に照明が変化しないか確認し 暗くて見えにくい場合は対策を考える

意外な落とし穴となるのが、ポップス系のステージ。ポップスステージでは演出のために照明が明るくなったり暗くなったりすることがありますが、ステージリハーサルを照明込みで通しで行うことができない場合は、本番の演奏中に初めて曲中のどこが明るく、どこが暗いかがわかるためです。

その時にあわてないためにも完全に暗譜しておくのが理想ですが、譜面には注意すべきポイントが書き込まれているので、やはり暗くても見える状態である方が安心です。譜面台に譜面灯をつけることもできるので、気になる場合はステージマネージャー（96ページ参照）に相談してみましょう。

これだけは覚えよう！

▶ ホールでの響きを聴いて早めに慣れる

▶ 座る位置やセッティングを確認する

▶ 照明が変化しないか確認し対応する

良い見た目と演奏を聴かせるために
ステージセッティングを工夫する

　セッティングはバンドや指揮者の考え方によって変化するものであり、バンドにとっては永遠の課題です。実際に演奏するホールでいろいろ試してみるのが理想ですが、時間的な制約とホールの音響を考慮しながら、最も良い響きになるように工夫しましょう。

コツ 1　各セクションに適した場所と それに応じたセッティングの基本を知る

　セッティングには明確な決まりはありませんが、基本的なポイントは、右の3つです。

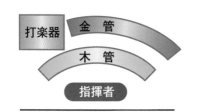

①大きい音の楽器は上（ステージ奥）、小さい音の楽器は下（ステージ手前）②ホルンとチューバは、ベルの向きと反響板との距離を考える ③同じ動きをする楽器どうし、和音の多い楽器どうしは近くにまとめる

　一般的には、ステージの手前から奥に向かって木管楽器群、金管楽器群…とセッティングし、指揮者を囲むようにやや扇形に座りますが、バンドの人数や曲の編成によって多少異なります。

ワンポイントアドバイス

　本番当日だけいつもの練習時のセッティングを変えるのは禁物。あまりにも聴こえてくる音が違うと、演奏者も戸惑ってしまいます。本番当日の会場の響きを念頭に置き、練習の段階からいろいろ工夫してみましょう。

コツ 2　ステージ上の反響板の位置から　　ホルンの位置を決め他を配置する

　ホルンは楽器の構造上音が後ろに出るので、反響板などを利用して音を客席に届かせる必要があります。ホールできちんと音を聴かせるためには座る位置がとても重要になるので、曲に合わせてセッティングを考えるようにしましょう。一般的に、①ホルンとしてのサウンドをたっぷり響かせたい場合は最後列の反響板の前にセッティングする ②金管楽器全体としての融け合った音色を聴かせたい場合は、トランペットやトロンボー

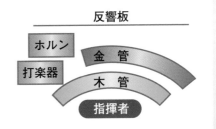

ンの前にセッティングする　のどちらかで考えます。2つを両立させるため、ホルンの後ろに移動式の反響板を設置するバンドもあります。

コツ 3　ステージの広さと人数に応じて　　演奏効果の高い打楽器の並べ方を考える

　一般的に、打楽器はバンド全体の編成によってセッティングの場所を変える方がいいでしょう。主な考え方としては、①小〜中編成の場合は最後列にすると響きのバランスが取りやすく、リズムやテンポが安定する ②ティンパニ、バスドラムは同じようにリズムとテンポを担当するチューバのそばに配置すると、お互いに聴き合えるので合わせやすくなる ③ポップス演奏の時は、ドラムを全体に聴こえる位置にセッティングする

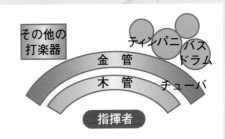

などがポイントです。バンドの中央にドラムセットを配置し、ベースを近くにしてリズムとテンポを作るようにするのもひとつの方法です。

これだけは覚えよう！

- 各楽器のセッティングの基本を知る
- ホルンの位置をまず最初に決める
- 場所に応じて打楽器の位置と並べ方を決める

観客に良い印象を持ってもらうため
ステージマナーを実践する

演奏中のステージマナーはとても大切です。アマチュアでもしっかりしたステージマナーを心がけていると、お客さまに良い印象を与えることができます。日頃の練習から意識して、本番でも落ち着いて行動できるようにしましょう。

コツ 1　舞台袖でのおしゃべりは客席に聴こえやすいので注意が必要

演奏者は開場してお客さまが客席に入場してから、①開演前のベルが鳴る前までに舞台袖に集まる ②楽器を準備

して待機する ③全体で軽くチューニングする ④チューニングが済んだらステージに向かって左側（下手）と右側（上手）に別れて静かに待つ　のが基本。袖から顔を出して知り合いを探すのはマナー違反です。また、大きな声でおしゃべりするのも慎みましょう。ステージに出る直前にみんなで気合いを入れたり、円陣を組んだりしてもいいですが、あまり大きな声を出すと客席まで聴こえてしまうので気をつけましょう。

ワンポイントアドバイス

「演奏者である」「表現者である」「バンドのメンバーの一員である」をいつも心がけていることで、ステージマナーは自然に身につきます。ステージマナーの良さは音楽にも現われるので、日頃から気をつけましょう。

コツ 2　入場する時は席順に並び 静かに順序よく自分の席につく

開演5分前のベル（1ベル）が鳴ったら、①**入場する順に並ぶ** ②**開演のベルが鳴ったら、中央に近い人から順に入場する** のが基本。背筋を伸ばしてなるべく姿勢を正し、足音を立てずに静かに入場します。本当は緊張していても顔には出さずに、穏やかな表情で入場しましょう。**入場時の楽器の持ち方（譜面を持って入る場合は譜面も）をパート内で統一すると客席からも美しく見えます。** リハーサル時に確認した自分の

席についたら、①**譜面が曲順に譜面台に置いてあるか確認する** ②**音を出さずに指揮者の入場を静かに座って待つ** のがマナーです。

コツ 3　リーダーの合図に従ってチューニングし 起立して指揮者を迎える

団員がすべて入場したら、全体が落ち着いたところで、リーダーの指示に従ってチューニングします。

舞台上でのチューニングは、①**リーダーの合図で手短に行う** ②**なるべく余計な音は出さない**のが基本。客席が静かになったところで指揮者が入場したら、団員は一斉に起立して指揮者を迎えます。この時機敏に起立すると、お客さまに対する印象がとても良くなります。**指揮者がお辞儀をしている間は体を正**

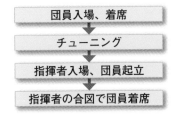

面に向け、指揮者の合図で静かに着席します。

これだけは覚えよう！

▌ 舞台袖で待つ時には大きな声を出さない

▌ 入場時には姿勢を正して落ち着いて歩く

▌ チューニングはなるべく手早く済ませる

演奏を審査員に印象づけるために
選曲のポイントを知っておく

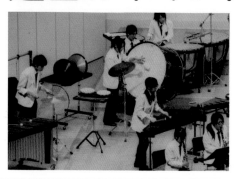

コンクールでは、1団体の演奏時間は決められています。演奏の良し悪しもさることながら、限られた時間で自分たちの団体の特徴を審査員に印象づけられる曲を演奏することも大切です。良く話し合って、最もふさわしい曲を選びましょう。

コツ 1 起承転結のある曲を選んで 聴いている人を飽きさせないようにする

選曲の際は、演奏会で聴くと感動的な曲でも、コンクールの場で聴くとそれほどでもないという場合があるので注意が必要です。ポイントは**①テーマがはっきりしている ②盛り上がるところやしっ**とりしたところなど、聴きどころが変化に富んでいる **③選んだ曲が自分たちのバンドに合っている** などをチェックすること。過去のコンクールなどの音源を聴き、傾向を探ってみるのもひとつの方法です。勢いのある元気なバンドがしっとりした曲を演奏したらいつものような良さが出なかった…ということもあるので、**バンドの持ち味とのバランスを十分に考慮しましょう。**

ワンポイントアドバイス

たとえ結果が伴わなくても、審査員が感動する演奏はお客さまが聴いても必ず感動するものです。コンクール出場で達成すべき目標を立て、それを実現することに全力を尽くしてバンドのレベルアップをはかりましょう。

ソロができるメンバーがいるなら
その強みを生かして選曲する

「自分たちのバンドに合っているか?」ということと関連しますが、**ソロができるメンバーなどじょうずな奏者がいる場合は、それをバンドの特徴にしてうまく出せる曲を選ぶことも大切です。** いつもバンド全体としてのまとまりを聴かせる曲ばかりではなく、時にはそのような編成の曲を選ぶこともひとつの方法でしょう。大きなステージで本番を体験することで、ソリストはさらにレベルアップし、その後大きく成長することができるもの

です。**①事前に本人と相談する ②プレッシャーにならない範囲か確認する** ことで、ソリストの能力を存分に発揮できる曲を選びましょう。

選んだ曲に全員で惚れ込み
心を込めて思いきり演奏する

コンクールを聴きに行き、一日中会場にいると、最後には聴く方も疲れてきて、だんだんどの演奏も同じように聴こえてくるものです。審査員の先生方はもちろん集中して聴いてくださいますが、そのような状況で演奏を聴き続けているということも多少念頭に置くようにしましょう。大切なのは、**①コンクールの結果や評価は絶対的なものではない ②あくまでもひとつの演奏機会であり、賞は単なる目安である** と考えることです。

次こそは…!

くれぐれもコンクールの結果が思わしくないことにショックを受け、音楽をやめてしまわないようにしましょう。

これだけは覚えよう!

- 起承転結があり聴きやすい曲を選ぶ
- メンバーの長所や特徴をなるべく生かす
- 選曲に自信を持ち結果を恐れずに演奏する

演奏会を大いに盛り上げるために
ポップスはかっこ良く演奏する

ブラスバンドの魅力のひとつは、クラシックからアニメソングまで幅広いジャンルの曲を演奏できること。中でもノリが良いポップスをかっこよく吹けると、お客さまも大いに盛り上がります。ポップス特有の演奏方法を知り、いつも意識して吹くようにしましょう。

コツ 1　曲の終わりの音をはっきり切り
クラシックとの違いをはっきり出す

音の立ち上がりを明確にするのは、他のジャンルの曲でもほぼ共通する演奏

音をはっきり止める！

方法ですが、曲の終わりの音をビシッと固く切るのは、クラシックの曲などではあまり使われないテクニックです。慣れないうちは、音の最後が多少大きくなってしまってもかまわないので、**①意識してはっきり切る ②シンフォニックな曲を吹く時よりも、音を少し短かめに止める**　ことがかっこよく聴かせるためのポイント。**意識しながら吹きわけることで、コツをつかむようにしましょう。**

ワンポイントアドバイス

ポップスはあまり音楽を知らない人にも親しみやすく、大人から子どもまで楽しめます。ソロでは立って演奏したり、衣装を変えたりして、演奏だけでなく見た目にも楽しめる演出をいろいろ工夫してみましょう。

コツ 2 曲のノリやビートに乗って リズムやスタッカートをはっきり吹く

ポップスでは、クラシックよりも意識して音楽にメリハリをつけた方がよりかっこよく聴こえます。スタッカートがついている音は、基本的に鋭く、固く吹くようにしましょう。たいていの曲ではリズムが一定のビートで刻まれているので、**①リズムを担当しているドラムやベースを常に聴く ②そのテンポに乗る意識を強く持つ ③拍をなるべく細かく感じて、表拍（4拍子の1、3拍目など）だけでなく裏拍（4拍子の2、4拍目など）の**

表拍　裏拍　表拍　裏拍　……

ビートを感じる　などに気をつけると、ポップスらしいキレのあるノリを保ちながら演奏することができます。

コツ 3 メドレーを演奏する時は 曲想の変化をはっきりとつける

ポップスでは、異なるイメージの数曲をつなぎ合わせてメドレーにしている作品が数多くあります。メドレーの魅力は、複数の曲の要素がひとつの曲の中で次々に現われることなので、**①曲の変わり目をきちんと意識する ②その曲想に合ったイメージや吹き方にすぐに切り替える**　ことがポイントです。

曲の展開部でこれを意識していないと、つなぎの部分で前の曲のテンポを引きずってしまう原因にもなり、次の曲が

メドレーを演奏する時のポイント

①曲の変わり目をきちんと意識する
②その曲想に合ったイメージや吹き方にすぐに切り替える

何ともあいまいな演奏になってしまいます。たとえば演歌を吹く時は演歌歌手になり切って、思いきりこぶしをまわすようなつもりで吹きましょう。

これだけは覚えよう！

■ 音の立ち上がりと終わりをはっきり吹く
■ リズムのキレやスタッカートを意識する
■ メドレーは曲想の変化にすばやく対応する

観客に好印象を与えるために ちょっとした**動作を統一する**

演奏中は演奏に集中することはもちろんですが、楽器の上げ下げなど、ちょっとした動きを統一することでお客さまに好印象を与えることができます。間違った時にそれを動作や表情に出さないことも大切なので、いつも堂々とした態度で演奏しましょう。

コツ 1 パートごとの動作を統一し 見た目にもきびきびした印象を与える

演奏中の楽器の上げ下げをパートリーダーに合わせると、バンド全体にきび

きびした統一感が生まれ、美しく見えます。演奏中、苦手なところや自信のないところではどうしても背中が丸まり、下を向いてしまいがちですが、間違えても顔に出さずに胸を張って演奏しましょう。

その他の注意点として、①**休符の時にきょろきょろしたり、体を動かしたりしない ②譜めくりはなるべく音が出ないようにして、曲の静かなところではめくらない**　なども大切なマナーです。

ワンポイントアドバイス

演奏が終わって舞台袖に戻ると緊張がゆるんで「緊張した〜」「失敗した〜」などと大声を出してしまいがちですが、それは客席に筒抜けになってしまいます。我慢して楽屋まで戻ってから、思う存分はじけましょう。

コツ 2　吹き終わっても勝手に動かず 指揮者の合図に合わせ演奏の余韻を残す

　演奏は指揮者が指揮棒をおろすまでは、会場の残響や余韻も含めてまだ音楽が続いています。**①自分が吹き終わったからといってすぐに楽器をおろしたり体を動かしたりしない ②指揮棒がおりるのを緊張感を保ったまま待つ**　ことで、演奏に緊張感が生まれます。演出上、すぐに次の曲を演奏する場合以外は、指揮者が客席を向いてお辞儀をしている間は、譜めくりや楽器チェンジは控えましょう。指揮者が団員の方に向き直り、

演奏が終わる。楽器はそのまま
↓
指揮棒に合わせて楽器をおろし、静かに待つ
↓
指揮者が客席にお辞儀
↓
団員に向き直ったら次の曲を準備

拍手がおさまってから準備します。また、指揮者は打楽器は準備に時間がかかることを想定して待っています。準備ができたら必ず合図を送りましょう。

コツ 3　客席の相手には笑顔でこたえ 退場する時は入場と同様に静かに歩く

　演奏がすべて終了したら、**指揮者の合図に従って起立し、正面を向くのが基本です。**指揮者が何度か袖とステージを往復する間に、活躍したソリストを立たせることがあるので、**自分が指名されたらすばやく立ち、客席に軽く会釈してから座るようにします。**これらの流れは、本番前にあらかじめ指揮者と打ち合わせをしておくといいでしょう。団員もソリストに拍手したいのはやまやまですが、ここはぐっとがまんして笑顔を送るくら

コンマスに合わせ団員起立
↓
指揮者が退場したら着席
↓
指揮者の指示でソリスト起立、着席
↓
指揮者の合図で全員起立、退場

いにするのがマナーです。
　最後に指揮者が全員を立たせた場合はその指示に従い、入場時と同様に静かに退場します。

これだけは覚えよう！

■ 演奏中の楽器の上げ下げをパートで揃える

■ 曲の終わりの緊張感をキープする

■ 演奏終了後の入退場はスマートに

緊張と不安に打ち克つために これまでの**練習**を**信じて演奏**する

これまできちんと練習を積んでいれば、本番は多少アクシデントがあっても必ず成功するものです。「うまくいかなかったらどうしよう」と考えず、自分の演奏に集中しましょう。緊張するとチューニングが合いにくくなるので、落ち着いて合わせることも大切です。

コツ 1 客席が見えても気にせずに 目の前の自分の演奏に集中する

本番は、日頃と違った自分の姿を多くの人に見てもらえる一世一代の晴れ舞台です。「失敗したくない」と思いながらも、誰でも本番ではいつも以上にうまくかっこよく演奏したいと願っていることでしょう。本番成功のためのポイントは、①**「今日は自分が誰よりも一番かっこよく演奏する！」と思い込む** ②**いったん演奏が始まったら後ろも前も見ずに、今演奏しているその瞬間に集中する** ことです。たとえ失敗したとしても、それを振り返るのは演奏が終わったあとにして、気持ちを切り替えて次へ次へと進んでいくことが大切です。

ワンポイントアドバイス

極端に管を抜いたり、差し込んだりした状態でないと442Hzにならない場合は、奏法や楽器に原因がある場合があります。先輩に吹いてもらったり、楽器店で調べてもらったりして一度チェックするようにしましょう。

コツ 2　自分が緊張していることを意識し普段以上に楽器の扱いに気をつける

本番当日は誰でも多少気持ちが上ずっていて普通の精神状態ではないので、ちょっとしたことで楽器をぶつけてしまいがちです。楽屋で楽器を出し、そのまま舞台裏まで移動することも多いので気をつけましょう。特に舞台裏は照明が暗いので要注意です。女性の場合、黒のロングスカートの時は足元に気をつけましょう。**①なるべく楽器をまめにケースに入れるようにして、ぶつけたり、倒したりするのを防ぐ ②自分の楽器だけ**

でなく、まわりの人の楽器にも十分気をつける を忘れずに、くれぐれも本番前に楽器をこわしてしまわないようにしましょう。

コツ 3　いつも以上に呼吸に気をつけてリラックスしてチューニングする

ステージ上で手早くチューニングするためには、いつも以上に呼吸を楽にして、良い音色と音程感の音を出すようにしましょう。**日頃から各々が定めた音程に近い音程を出せるように練習しておく**ことが大切です。

ステージ上では、基準の音に対して複数の音が鳴りはじめると、どれが正しいのかわからなくなってしまいがちです。**最初にもらった基準の音を頭の中で鳴らしてから、その音を出すようにしながら**吹くと、それだけで正しい音程からかなり近いところからチューニングを始める

基準の音を頭の中で鳴らす

ことができるので、早く音程を修正することができます。

これだけは覚えよう!

- 気を散らさずに演奏に集中する
- 慣れない場所では楽器の扱いに気をつける
- リラックスした呼吸でチューニングする

観客にも楽しんでもらうために
本番は明るく楽しく演奏する

これまで積み重ねて来た練習は、すべて本番を楽しむためのもの。本番ではそう頭を切り替えて、失敗を恐れずに自分の演奏を存分に楽しみましょう。本番ならではの緊張感をうまく味方につけることができれば、もうその日の演奏は成功したも同然です。

コツ 1　聴こえ方が違っても気にせずに　指揮者とまわりの音に集中する

ステージで演奏することの醍醐味は、スポットライトを浴びながら多くの人に自分の音を聴いてもらうこと。その瞬間を体験すると、多少日頃の練習が苦しく

ても「また演奏したい！」という気持ちが起こるものです。気をつけたいのは、ステージリハーサルで練習場との響きの違いに対して、必要以上に神経質になってしまうこと。①多少聴こえにくくても、指揮者をよく見ていつも通りに吹く②なるべく回りのメンバーの動作や打楽器の動きを見て合わせる　ことで、その不安は解消できます。よく聴こえないからといって、いつも以上に吹きすぎないよう、くれぐれも気をつけましょう。

ワンポイントアドバイス

本番中の緊張感も、本番のステージならではの醍醐味のひとつ。今まで頑張って練習してきたことを思い出したりして、緊張している自分をなるべく客観的に見ながら舞台での演奏を楽しむようにしましょう。

コツ 2 舞台上でのアクシデントを防ぐため 本番前には譜面をきちんと製本しておく

本番で演奏に集中するためにも、舞台上で使う譜面は必ず製本したり、ファイルに入れたりしてバラバラにならないような状態で管理するのが基本です。本番中に譜面がバラバラになったり、譜面台から落としてしまったりすると気持ちがあせるだけでなく、客席から見ても見苦しいので気をつけましょう。特に外で演奏する時には、譜面が風で飛んでしまわないように譜面台にクリップで止めるようにします。

また、ホールによっては空調の関係

で微風が吹いていることがあるので、できればスケッチブックなどに譜面を貼っておくと、練習時にも書き込みがしやすく便利です。

コツ 3 緊張するのは当たり前と考え その状態を積極的に受け入れる

ステージで演奏する経験を積むと多少緊張はやわらぐものですが、実際にはプロでも本番の前には緊張するものです。なるべく緊張しないようリラックスすることも大切ですが、**「本番とはそういうものだ」と割り切って緊張感と上手に付き合うようにしましょう。**人間は緊張すると呼吸が浅くなるので、**本番中はいつもよりも大きくブレスを取るようにするのもひとつの方法です。**休みの時に

「本番は緊張するもの」と割り切る

ブレスをふだんより大きく取る

休みの時は深呼吸する

は、緊張感を押さえ込むようなイメージでゆっくり深呼吸してみましょう。そのうちにしだいに落ち着き、客席にいる友達などの顔が見えてくるようになります。

これだけは覚えよう！

■ 普段とは聴こえ方が違っても気にしない

■ あらかじめ譜面をきちんと製本しておく

■ 緊張している状態を前向きに楽しんでしまう

本番中に動揺した姿を見せないために
間違えても表情を変えずに続ける

　今まで真面目に練習してきた人ほど、自分の演奏に厳しくなるものです。失敗は誰にでもあることなので、本番中は失敗そのものを悔やむよりも一刻も速くカバーすることを考えるようにしましょう。間違っても表情を変えずに演奏を続けることが大切です。

コツ 1　間違えても音楽の流れを止めず　吹けるところから合流して演奏を続ける

　ひとりで吹いていて間違えてしまうと、そこで音がなくなってしまうので間違えたことが一目瞭然ですが、バンドでは同

じパートを複数の人が吹いているので、たとえひとりが止まってしまってもパート全体の音は続いているので多少安心です。ただし、音量のバランスは悪くなるので、**なるべく早く流れに乗って再び吹くようにしましょう。**くれぐれも自分だけ同じところを吹き直して流れを止めてしまわないこと。あわてて楽器をおろしたりするとお客さまにもわかってしまいます。**あくまでも見た目には間違えていないように見せるようにしましょう。**

ワンポイントアドバイス

　速いパッセージの途中で間違えても、一瞬のことなので全体の音量との関係で実は目立っていないことがあります。その時は、間違えた瞬間にブレスを取るようにしてリスタートするのも、重要なリカバリーの方法です。

コツ 2　音は出なくても指だけは動かして　あくまでも吹いているように見せる

間違ってしまった場合でも、「間違いを間違いと思わせない練習」を積んでいると、意外に気づかれないものです。できるだけ「しまった!」という顔をせず、①音が出ていなくても堂々と指だけをまわりと同じに動かしておく ②間違った音を出してしまったら、瞬間的に音を小さくして次の音に備える　ようにしましょう。びっくりして音をぶつっと切ってしまうと、かえって目立ってしまうので気をつけましょう。本番中に「間違っ

た!どうしよう!」と思うとますます緊張してしまい、さらに間違いを引き起こす原因にもなってしまいます。

コツ 3　バンド全体の演奏としては　大きなアクシデントではないと割り切る

本番の演奏中は、練習の時よりもずっと集中し、ひとつひとつの音にとても気を遣っているものです。自分が考えている1音の重さと、お客さまがバンド全体の演奏に対して考えている1音とでは重さが違うので、練習通りにできなかったからといって、それがすべてお客さまにも聴こえているとは限りません。**自分では間違えたと思っていても、あとから聴いていた人に感想を聴くと意外に間違って聴こえていないこともあるものです。**

出てしまった音は取り戻せないのが瞬間芸術である音楽の最大の特徴なので、あまり気にしないようにしましょう。

これだけは覚えよう!

▶ たとえ間違えても止まらずに次に進む
▶ 音は出なくても指だけは同じに動かす
▶ 大した事故でないと自分に言い聴かせる

本番中最高の演奏を引き出すために
緊張や不安が解消するように励ます

本番では演奏者も緊張していますが、同じくらい指揮者も緊張しているものです。その緊張や不安を感じさせず、指揮者が演奏者を安心させることができると、それだけで本番の演奏は成功にぐっと近づきます。うまく精神統一して、最高の演奏を引き出しましょう。

コツ 1　緊張しているメンバーたちを まずは笑顔でリラックスさせる

演奏者はどんなに普段通りに吹こうと努力していても、本番で最初の音を出すまではどうしても緊張し、不安を感じているものです。ステージに出てお辞儀し

たら、①メンバーの方に向き直った時に**笑顔を浮かべる** ②メンバー全員の顔を**一度さっと見回す**　ようにしましょう。ちょっとしたことですが、指揮者はもちろん、演奏者もとてもリラックスすることができます。笑顔とともに体の余計な力を抜くことも意識しましょう。ここで一度リラックスすることができれば、あとはこれまで積み重ねてきた練習とメンバーとを信じて、目の前の音楽だけに集中することができます。

ワンポイントアドバイス

意外と忘れがちなことですが、指揮者はステージに上がると入場の瞬間から退場まで、会場にいるすべての人々に見られています。ステージマナーにも気を配り、あわてずに堂々と行動するようにしましょう。

コツ 2　すぐに演奏に入らずに　気持ちを高めてから振りはじめる

　次に大切なのは演奏に集中すること。**①指揮台に上がったらすぐに振り始めず、少し間を置く ②メンバーの意識が指揮者に集中してきて初めて指揮棒を構える**　ようにしましょう。また、速い曲の場合は速く、ゆっくりした曲はゆっくり構えることで、演奏者と聴き手とを曲の世界に誘い込みます。演奏が始まると時間が経つのはあっという間です。全体のテンポ、強弱のバランス、音色、音楽表現に気を配りながら、ポ

イントとなるところでははっきり指示を出し、練習通りの演奏ができるようにリードしましょう。

コツ 3　演奏しているメンバーを　アイコンタクトやジェスチャーで励ます

　本番での指揮者のジェスチャーは、練習の段階で演奏者に説明しておくことが大切です。たとえば手のひらを下に向けたら音量を下げる、上に向けたら音量を上げるなど、**野球のキャッチャーのサインのように、ある程度決めておくといいでしょう。**本番中であっても、うまくいったら「OKサイン」を出すと、演奏している方もだんだん乗ってきます。演奏者とアイコンタクトをはかるためにも、なるべくスコアを暗譜しておくよう

にしましょう。拍子が変わるところや素速くスコアをめくりたいところには付箋を活用しましょう。

これだけは覚えよう！

- ▶ 舞台上では笑顔を忘れないようにする
- ▶ 演奏中は集中力を切らさないようにする
- ▶ アイコンタクトとジェスチャーで盛り上げる

ポイント **52**　レベル ★★

カーテンコールにこたえるために
あらかじめ演出準備をしておく

「終わりよければすべてよし」というのは演奏会でも同じです。予定の曲を全部演奏し終わっても気を抜かずに、ステージからおりるまでは堂々としていましょう。アンコールの時はなるべく笑顔で、お客さまにも乗ってもらうような演出をするといいでしょう。

コツ 1　カーテンコールの回数やパターンはある程度決めておく

「カーテンコール」とは、音楽や演劇などで終演後に観客が拍手を送り続け、一度退場した出演者をステージに呼び戻す

こと。吹奏楽やオーケストラの場合は、指揮者が何度もステージに呼び戻されることがこれにあたります。指揮者が入るたびに演奏者が立ち上がる場合と、そうでない場合があるので、カーテンコールの回数と立つかどうかを事前に決めておきましょう。花束贈呈もこの時に行います。①立ったり座ったりする時にはなるべく機敏に行動する ②あまり長くなりすぎると間延びするので、適度な回数で切り上げる　のも大切なポイントです。

ワンポイントアドバイス

ウィーン・フィルのニューイヤーコンサートのように、「アンコールはこの曲！」と決めておいて、毎回同じ曲を演奏するのもひとつの方法。お客さまがそれに気づいてくれると、率先して客席をリードしてくれます。

コツ 2　アンコールを演奏する時は　カーテンコールとうまくリンクさせる

　カーテンコールの興奮が冷めないうちに、お客さまへの感謝の気持ちを込めてアンコールを演奏しましょう。多くのバンドが2曲演奏しますが、1曲または3曲という場合もあります。**カーテンコールを受けている間はあまりきょろきょろせずに、客席をリラックスして眺めているようにします。**大切なのは、カーテンコールの合間にアンコールの準備をしないこと。「やるのかな、やらないのかな?」と多少お客さまに期待を持たせて

から一気に楽器や譜面をスタンバイして演奏することで、客席は一層集中し、演奏後はさらに盛り上がります。

コツ 3　最後は客席も巻き込んで　全員で楽しい演出を工夫する

　アンコールは、**①最後まで演奏を聴いてくれたお客さまに対して感謝の気持ちを示す ②音楽の余韻を気持ちよく楽しみながら帰ってもらう** ことが最大の目的です。また、演出のアイディアを詰め込む絶好のチャンスでもあります。最後まで整然と演奏するのもよし、客席を巻き込んで明るくハメをはずすのもよし。メンバーで意見を出し合い、演奏会の最後を楽しく締めくくるようにしましょう。曲によっては、指揮者や演奏者が

客席に向かって手拍子しながら客席をリードするのもいいでしょう。すべての演奏が終わったら、最後は笑顔で客席を見ながら退場します。

これだけは覚えよう!

▌ カーテンコールのパターンを決めておく

▌ アンコールの準備はすばやく整然と

▌ 楽しくアンコールを演出して盛り上げる

終演後の後片付けで失敗しないために
慎重に確認しながら協力して行う

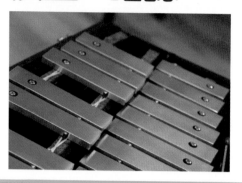

すべての演奏が終わるとようやくほっとして、後片付けがおろそかになってしまいがちです。本番の終了予定時間が押してしまった時など、あわてて片付けると忘れ物をしてしまう原因にもなるので、慎重に確認しながら全員で協力して後片付けを進めましょう。

コツ 1 自分の楽器や譜面を片付け 忘れ物がないかも必ず確認する

演奏が終わると、それまでの緊張感からようやく解放され、仲間とのおしゃべりもはずみます。**まずは落ち着いて自**

分の楽器や譜面などを片付けてしまいましょう。いつもと違う場所で楽器の出し入れを繰り返していると、無意識のうちに手順が変わっていて、うっかりしまい忘れてしまうことがあります。狭い場所にたくさんの楽器が置いてある場合も多いので、あわてて人の楽器を倒してしまったりすることのないよう、慎重に行動するようにしましょう。**楽屋を使っている場合は、最後に出る人が忘れ物がないかチェックするようにしましょう。**

ワンポイントアドバイス

終演後の片付けを焦ると、ステージ上に置いたままになっている大型楽器につまずいたり、倒したりしてしまう危険性があります。狭いところでは慎重に行動して、くれぐれも楽器にダメージを与えないようにしましょう。

コツ 2 メンバー同士で作業を分担し 楽器運搬や舞台の片付けを手早く行う

本番から会場撤収までの時間が短い時、おろそかになりがちなのが打楽器や大型楽器の搬出と、ステージ上の片付けです。打楽器は大きくて重いものが多いので、他のパートのメンバーも積極的に手伝って、短い時間で搬出できるよう協力するようにしましょう。搬送にトラックを使う場合は、**①トラックが来る時間や止まる場所を確保する ②進行表にも記入してメンバーに知らせておく**ことがポイントです。また、ステージで

使った椅子や譜面台を所定の位置に戻すことも大切な作業です。パートで分担するなど工夫して、なるべく短い時間で片付けるようにしましょう。

コツ 3 混み合っている舞台裏では 楽器置き場を活用し荷物をひとつにまとめる

忘れ物や落とし物を防ぐためには、楽器置き場を活用するのも有効な方法です。移動の際にはひとまず楽器置き場に荷物を置き、一か所にまとめておくことで、あちこち動き回っていても忘れ物のリスクを防ぐことができます。**念のため、その場合も必ず荷物番の係を作って、常にひとりは荷物から目を離さないようにしましょう。**また、コンクールや演奏会など、不特定多数のメンバーが同じ楽屋を使う時には**貴重品を自己管理するこ**

とも大切です。**①カギのかかるロッカーに入れる ②常に目の届くところに置く**など気を配り、盗難などのトラブルを防ぎましょう。

これだけは覚えよう!

- まず最初に自分の楽器や譜面を片付ける
- 打楽器を搬出し舞台面を元通りに戻す
- 楽器置き場を活用して忘れ物や盗難を防ぐ

演奏会の記憶が新しいうちに反省会を開く

本番後は高揚した気分のまま「終わった〜！」という開放感に浸っていてもいいのですが、演奏の記憶が新しいうちに「ここがよかった」「あそこで失敗した！」といい合うのも楽しみのひとつです。特に学生のうちは、必ず反省会を行うようにしましょう。

コツ1　できなかったことを悔やむだけでなく うまくできた点を全員で確認しておく

「反省会」というのは悪かったことを指摘することではなく、良かったところと悪かったことを客観的に見つめなおすことが目的です。失敗したことばかりくよくよ考えていても前向きな結論は出ない

反省会のポイント

①現状を前向きにとらえる
②良かった点はお互いに認め合うようにする

ので、その日の演奏で良かったことを必ず取り上げて、その成果をきちんと確認しておくようにしましょう。「今の自分たちに何ができて、何ができなかったか」を正確に把握しておくことは、次の本番に向かっていく時の目標づくりのためにもとても大切です。**①現状を前向きにとらえる ②良かった点はお互いに認め合うようにする** ことが上達へのステップにつながります。

ワンポイントアドバイス

反省は成功の母。本番直後は「ああしておけばよかった」「あそこで失敗しなければ…」と考えてしまいがちですが、後悔と反省とは全く違います。いつも反省したことを今後に生かすことを前向きに考えましょう。

コツ 2　練習計画をもう一度見直し　本番までにどれだけ達成できたかチェック

　本番の後は、演奏自体を反省することはもちろん大切ですが、それと同じくらいそれまでの練習のやり方や当日の運営などを振り返ることも大切です。その過程でも、良かったことと良くなかったことの両方について意見を交換することが大切です。良くなかったという意見が出た時には、「次はどうしたらいいか」を同時に考えるようにしましょう。他のメンバーの意見にも耳を傾け、いちばん良い方法を選ぶようにしましょう。①次

回の課題となりそうなことはメモにして残す　②今後に生かすためにもメンバー全員にきちんと知らせる　ことも大切なポイントです。

コツ 3　次回までの課題を明確にして　新たな気持ちで今後の練習に向き合う

　音楽を続けている限り、演奏会やコンクールに出場するチャンスは何度でも訪れるものです。コンクールの場合はどうしても結果が評価されるので、演奏がうまくいかなかった時は自分を責めてしまいがち。しかしその時の評価はある程度「たまたま」な部分があることをいつも頭に入れておくようにしましょう。反省点が多いということは、明日は今日よりももっと良い演奏をするためのチャンスが多いということです。前向きに考え

て諦めずに音楽を続けていれば、今できなかったこともきっとできるようになります。いつか必ず「音楽をやっていて良かった」と思える日が来るでしょう。

これだけは覚えよう！

- 悪い点だけでなく良かった点を必ず指摘する
- 本番までの練習計画とその過程を振り返る
- この先も地道な努力を忘れないようにする

音楽を生涯の友とするために
卒業後も楽しく練習を続ける

学校を卒業すると、今まで通りにコンスタントに練習時間を確保することは難しくなりますが、工夫すれば音楽を続けていくことは十分に可能です。音楽を通じて得た仲間たちといつも助け合いながら、マイペースで練習し、楽しく続けていきましょう。

コツ 1　周囲の迷惑にならないよう配慮し 思いきり練習できる場所を探しておく

金管楽器など、音の大きな楽器は練習する場所を確保することが長く続けるための最大のポイントです。自宅ではマ

ウスピースなどで練習し、外に練習場所を確保するようにしましょう。おすすめなのは①地域の公民館など、手頃な値段（または無料）で借りられる施設 ②周囲にあまり人のいない公園や土手　などです。練習時間が早朝や夜になってしまう場合は、カラオケボックスを利用するのもひとつの方法。どうしても自宅で練習したい場合は、サイレントシステムの楽器や、防音室（1畳から購入できる）を買うことも検討してみましょう。

ワンポイントアドバイス

音楽は「生涯学習」ともいわれ、最近は年齢を問わずに続けられる趣味としても人気が高まっています。音楽を通じて得た仲間は生涯の友人になるので、これからも励まし合いながら一緒に練習を続けていきましょう。

コツ 2 仕事や勉強のストレスを音楽を通じて上手に発散する

　学校を卒業して社会人になると、それまでと楽器や音楽とのつき合い方がいやでも変わってきてしまいます。それでも音楽を続けていくためには、「どうしても毎日練習しなくちゃ!」などと自分にプレッシャーをかけないことが大切。それよりも、**演奏している時は日頃の仕事やストレスをすべて忘れて楽しむようにしましょう**。楽器の演奏は、それなりに体に負荷をかけるものです。練習で指を動かしたり、腹式呼吸をすることは、ジ

ムで体を動かすのと同様、無理なく運動をしていることにもなるのです。

コツ 3 昔のようにバリバリ吹けなくても「続けることに意義がある!」と信じる

　長く楽器を続けていると、コンスタントに練習しているのに、以前は難なくできたことができなくなってしまってスランプに陥ってしまうことがあります。そんな時はイライラしてしまいがちですが、**続けていれば必ずスランプから脱することができるので、あまりくよくよしないようにしましょう**。それでも追い詰められてしまったら、思い切って少し音楽と距離を置くこともひとつの方法です。初めて楽器を手にした時の喜び、コンクール

や本番でうまく演奏できた時の高揚感などを思い出して、長く楽器とつき合っていくようにしましょう。

これだけは覚えよう!

■ 思いきり吹ける練習場所を確保する

■ 音楽で上手に日頃のストレスを発散する

■ スランプになってもできる範囲で気長に続ける

監修者 佐藤 博（さとう　ひろし）

千葉県出身。武蔵野音楽大学音楽学部作曲学科卒業。故渡部和雄氏に師事。

銚子市立銚子高等学校吹奏楽部、千葉県立幕張総合高等学校シンフォニックオーケストラ部の顧問及び指揮者として勤務する中、市民吹奏楽団光ウィンドオーケストラの音楽監督としても吹奏楽の指導に携わる。

この間、全日本吹奏楽コンクール11回出場。全国学校合奏コンクール7回出場（6年連続最優秀賞、内閣総理大臣賞、文部科学大臣賞）。日本学校合奏コンクール全国大会出場（4年連続最優秀賞、文部科学大臣賞）。日本管楽合奏コンテスト全国大会8回出場（3年連続最優秀グランプリ賞、文部科学大臣賞）。全日本高等学校吹奏楽大会 in 横浜全国大会7回出場（連盟会長賞）。全日本アンサンブルコンテスト全国大会7回出場。

またフランス共和国（フジェール市、ヴール・レ・ヴァランス市、オンスコット市、ブリアンソン市）、ドイツ連邦共和国（エーバスバッハ市、フィリンゲン・シュヴェンニンゲン市）、オーストリア共和国（ウィーン）にて、各市の音楽院と交流しスクールバンドの長所を生かした数々の演奏会を行う。特にウィーン楽友協会グローサーザールでは、プロオーケストラ（ウィーンフィルハーモニー管弦楽団）のメンバーも絶賛するステージを展開。

さらに、フランス・ドイツ・中国より指揮者として招聘され、記念演奏会を行う。

CISM国際音楽協会より金メダルを授与される。

執筆者 長永圭庫（おさなが　けいご）

武蔵野音楽大学フルート専攻卒業後、カナダ・トロントに留学。帰国後は室内楽、オーケストラなどで演奏活動を行っている。バロックアンサンブル「ムーブル」主宰。八王子シティオーケストラ、アンサンブル・クレールなどの指揮者、指導者をつとめている。

三浦王介（みうら　おうすけ）

幼少よりピアノ、中学校からフルートを始める。学生時代は吹奏楽部に所属し、高校・大学と学生指揮者として活躍。一般の吹奏楽団指揮者を経て、現在はオーケストラの指揮者として活動するほか、バンド活動や学生の指導などを幅広く精力的に行っている。

【STAFF】
構成　(有)イー・プランニング／編集　渡辺裕子（堤琴舎）／本文デザイン　小山弘子／イラスト　小倉マユコ
写真　上林徳寛／制作協力　光ウィンドアンサンブル，村井啓哲

**はじめての吹奏楽　ブラスバンド
練習のコツと本番で成功するポイント 55**

2021年12月25日　　第1版・第1刷発行

監修者　佐藤　博（さとう　ひろし）
発行者　株式会社メイツユニバーサルコンテンツ
　　　　代表者　三渡　治
　　　　〒102-0093 東京都千代田区平河町一丁目 1-8
印　刷　三松堂株式会社

◎『メイツ出版』は当社の商標です。

ご意見・ご感想はホームページから承っております
ウェブサイト　https://www.mates-publishing.co.jp/

編集長：堀明研斗　企画担当：折居かおる／清岡香奈

※本書は 2017 年発行の『ステップアップ吹奏楽　ブラスバンド　上達のポイント 55』の内容の再編集を行い、書名と装丁を変更して新たに発行したものです。